आस्था

लेखक की अन्य किताबें

शिव टू शंकर : गिविंग फॉर्म टू द फॉर्मलेस

कल्चर : 50 इनसाइट्स फ्रॉम माइथोलॉजी

लीडर : 50 इनसाइट्स फ्रॉम माइथोलॉजी

आस्था

हिन्दू धर्म में 40 प्रबोधन

देवदत्त पट्टनायक

अनुवाद

अर्चना शर्मा

चित्र : देवदत्त पट्टनायक

(An imprint of Harper Collins Publishers Ltd.)
For information, address Harper Collins
Publishers, A-75, Sector 57, Noida-200301
www.harpercollins.co.in

वाणी प्रकाशन

4695, 21-ए, दरियागंज, नयी दिल्ली 110 002

फ़ोन : +91 11 23273167 फ़ैक्स : +91 11 23275710

शाखाएँ

अशोक राजपथ, पटना 800 004, बिहार
कॉफ़ी हाउस कैम्पस, महात्मा गांधी मार्ग, इलाहाबाद 211 001, उत्तर प्रदेश
महात्मा गांधी अन्तरराष्ट्रीय हिन्दी विश्वविद्यालय, वर्धा 442 001, महाराष्ट्र
सुल्तानिया रोड, मोतिया पार्क, भोपाल 462 001, मध्य प्रदेश

www.vaniprakashan.com
marketing@vaniprakashan.in
sales@vaniprakashan.in

Aastha: Hindu Dharma Me 40 Prabodhan
by Devdutt Pattanaik
Translator Archana Sharma

P-ISBN : 978-93-89915-88-4
E-ISBN : 978-93-90327-38-6
Religion/Culture

हिन्दी प्रथम संस्करण 2021

मूल्य : ₹ 299

सिटी प्रेस, दिल्ली-110 095 में मुद्रित

वाणी प्रकाशन का लोगा मक़बूल फ़िदा हुसेन की कूची से

मुद्रक: थॉमसन प्रेस (इंडिया) लिमिटेड

अनुक्रम

धर्मग्रन्थ

इतिहास

आख़िर ये किताब क्यों?

इस किताब के होने के पीछे दो मुख्य वजहें हैं, एक का सन्दर्भ अतीत से और दूसरी का भविष्य से।

पहले अतीत से सम्बन्धित वजहों पर ग़ौर करते हैं : ज़्यादातर हिन्दुओं को किसी भी बात की शुरुआत कैसे हुई इसका ठीक-ठीक ज्ञान नहीं होता, जिसके कारण तार्किक आधार पर अपने ही बच्चों को किसी भी हिन्दू रीति-रिवाज या आस्था के बारे में समझाना मुश्किल होता है। ये कोई बहुत आश्चर्य की बात नहीं क्योंकि इस्लाम और ईसाई धर्म की तरह हिन्दू धर्म बहुत व्यवस्थित नहीं है। मुश्किल तब ज़्यादा हो जाती है जब हिन्दू धर्म से सम्बन्धित प्रश्न, विरोधी तेवरों का सामना करते हैं। मामला तब और भी बिगड़ जाता है जब उन जवाबों को नकारा जाता है और हिन्दुओं को रक्षात्मक, क्षमायाचक और यहाँ तक कि अन्धराष्ट्रवादी क़रार दे दिया जाता है। भूमण्डलीकरण की कार्य-पद्धति उन पाश्चात्य मानवीय मूल्यों पर आधारित है जिसमें सामाजिक न्याय पर बल दिया जाता है और जिसकी जड़ें पाश्चात्य धर्म में हैं। एक तरफ़ तो ये अपने धर्मनिरपेक्ष होने का दावा करते हैं और दूसरी तरफ़ उनके धार्मिक मूल्य उस सिद्धान्त पर आधारित हैं जिनके अनुसार ईश्वर क़यामत के दिन फ़ैसला सुनाते हैं। इस विरोधाभास को मानने वाले पाश्चात्य विचारवादी पूर्वी विचारधारा से ख़ासा मतभेद रखते हैं, ख़ासकर हिन्दुओं से जहाँ भगवान कोई जज या न्यायाधीश नहीं होते और कोई क़यामत का दिन नहीं होता। इसी बात को समझाने के लिए इस किताब की ज़रूरत महसूस हुई।

दूसरी वजह भविष्य से सम्बन्धित है। हिन्दुओं को काल, देश, सीमा और पौराणिक पैमानों में विशुद्ध हिन्दू धर्म की तलाश करने की अवधारणा से ऊपर उठना होगा क्योंकि इस वजह से रूढ़िवादिता पैदा होती है। भूमण्डलीकरण के दौर में जहाँ लोग एक जगह से दूसरी जगह पलायन करते हैं, कई लोगों से मिलते-जुलते हैं ऐसे में हिन्दू धर्म को एक विशाल नज़रिये की ज़रूरत है, बदलाव के सन्दर्भ में देखें तो जड़ों से ज़्यादा झुकाव फलों की तरफ़ है। ग्रामीण भारत में पालन किया जाने वाला हिन्दू धर्म शहरी भारत में पालन किये जाने वाले हिन्दू धर्म के समान नहीं होगा, उसी तरह से अमेरिकी, यूरोपीय, ऑस्ट्रेलियाई, अफ्रीकी या चीनी परिवेश में पालन किया जाने वाला हिन्दू धर्म भी अलग होगा। इसका पुनर्निर्माण और पुनर्व्याख्या ज़रूरी है ताकि समसामयिक सन्दर्भों में इसकी प्रासंगिकता बनी रहे। हमें यह याद रखना चाहिए कि कैसे हिन्दू ऋषियों ने, जिन्होंने धर्म ग्रन्थों की रचना की, हमेशा से इस बात पर ख़ासा ज़ोर दिया कि काल, स्थान और पात्र के अनुसार नियमों को अपनाया जाना चाहिए। उस एक सत्य की अवधारणा जो सम्पूर्ण, सीमित, वैश्विक और सभी के लिए प्रासंगिक हो वो हिन्दू मान्यता है ही नहीं। ईश्वर, सत्य और विवेचना में विविधता के लिए एक सहानुभूतिपूर्ण भाव को समझ पाना हिन्दू धर्म को सही अर्थों में समझ पाने की कुंजी है।

आस्था हिन्दू धर्म के सवालों का प्यार और मान से भरा जवाब है। ये उन सभी तथ्यों को उपलब्ध कराती है जो आख़िरकार मेरी व्यक्तिगत समझ, वर्षों के अध्ययन और हिन्दू तथा विश्व के पुराणों के परस्पर तुलनात्मक अध्ययन का परिणाम है। माइथोलॉजी सांस्कृतिक सत्यों को उजागर करती है जो कहानियों, संकेतों और कर्मकाण्डों में निहित हैं। जब आप किताब पढ़ते हैं तो इस बात का ध्यान रखें कि प्रकृति विविधतापूर्ण है, संस्कृति गतिशील है और हमारा मन जो विचारों का आदान-प्रदान करता है, उसकी अपनी सीमाएँ हैं।

परिपूर्णता की तलाश न करें, न मंज़िल की। तलाश करें प्रवृत्तियों, बहाव और दिशाओं की, क्योंकि :

अनन्त पुराणों में छिपा है सनातन सत्य,
इसे पूर्णत: किसने देखा है?
वरुण के हैं नयन हज़ार,
इन्द्र के सौ,
आपके मेरे केवल दो।

देवदत्त पट्टनायक

मान्यता

1

वैदिक मूल्य और हिन्दुओं के भारतीय लोकाचार क्या हैं?

हालाँकि वैदिक और हिन्दू इन दोनों ही शब्दों का एक समान प्रयोग होता है पर तकनीकी तौर पर ये दोनों शब्द समान नहीं हैं। वैदिक काल, बुद्ध से पहले का कालखण्ड है जो कि क़रीब तीन हज़ार वर्ष पुराना है। हिन्दू धर्म का जो स्वरूप हम आज देखते हैं वह लगभग दो हज़ार वर्ष पहले आकार लेता है जब रामायण, महाभारत, उपनिषद् के साथ-साथ धर्मशास्त्र, अर्थशास्त्र, कामशास्त्र और मोक्षशास्त्र भी अपनी प्रगति के चरमोत्कर्ष पर थे। भक्ति अपनी सम्पूर्ण ऊँचाई पर एक हज़ार साल पहले ही पहुँची। हालाँकि इस पूरे दौर में कुछ विचार एक समान बने रहे। लेकिन क्या इन विचारों को हम मूल्य कह सकते हैं?

वैश्विक मूल्यों की धारणा जिसे हम कॉर्पोरेट जगत में भी देखते हैं वो अब्राह्मी माइथोलॉजी से आती है, जहाँ अब्राह्मी देवता कुछ नियम-क़ायदे निर्धारित करते हैं जिसके हिसाब से मनुष्यों को अपना जीवन जीना चाहिए। इन नियमों और मूल्यों को वो अपने देवदूत या पैगम्बर द्वारा प्रसारित, प्रचारित करते हैं। ये सभी मनुष्यों के लिए एक समान हैं क्योंकि अब्राह्मी माइथोलॉजी के अनुसार ईश्वर की नज़र

में सभी मनुष्य एक समान हैं इसलिए सभी के लिए एक ही तरह के नियम और मूल्य लागू होते हैं। हालाँकि कुछ लोग सही नियम और मूल्य संहिता क्या हो, की भी बात करते हैं। इसी मतभेद की वजह से यहूदियों, मुस्लिमों और ईसाइयों के बीच लड़ाई होती है। यहाँ तक कि इस बात पर भी मतभेद है कि आराम या छुट्‌टी का दिन शुक्रवार, शनिवार या फिर रविवार होना चाहिए।

धर्मनिरपेक्ष राष्ट्र, ईश्वर की जगह 'वी, द पीपल' यानी *हम सभी मनुष्य* या 'राज्य' का प्रयोग करते हैं और उन्हीं अब्राह्मी मूल्यों/विचारों पर शासन प्रणाली चलती है जिसका पालन सभी को करना होता है।

वैदिक विश्व दृष्टिकोण बहुत अलग है। वो नियम और मूल्यों के बजाय मनुष्य की बुद्धि के क्रमिक विकास पर आधारित है। यहाँ प्रकृति, संस्कृति से पहले आती है। ये काफ़ी हद तक 'जंगल के क़ानून' पर आधारित है, जहाँ जिसकी लाठी उसी की भैंस या फिर जो शक्तिशाली है वही विजयी होता है। ये भय और भूख से इतना ज़्यादा संचालित होते हैं कि यहाँ पशु खाद्य-शृंखला बनाते हैं, अपने इलाक़े निर्धारित करते हैं। मनुष्य एक कल्पनाशील पशु है। हमारे भीतर जंगली तरीक़ों को नकारने की क़ाबिलियत है। हम मजबूर की सहायता कर सकते हैं। हम निर्बल को साधन मुहैया करा सकते हैं। हमें झुण्ड या क़बीले बनाने की ज़रूरत नहीं। हमें दूसरों पर हुक्म चलाने या अपने इलाक़े निर्धारित करने की भी आवश्यकता नहीं है। यही धर्म है। जब हम इसका पालन नहीं करते हैं, जब हम अपनी क्षमताओं के दायरे में नहीं होते, तब हम अधर्म का पालन करते हैं। मनुष्यों में सोचने-समझने की बुद्धि है जिसके कारण वो दूसरों यानी पर-आत्मा के बारे में सोच सकता है और जीव आत्मा से उठकर परमात्मा तक पहुँच सकता है। जब हम ऐसा करते हैं तभी हम अपनी क्षमता को सही मायने में जीते हैं। हम क्रमिक विकास कर रहे हैं।

पिछले तीन हज़ार वर्षों में जब हम हिन्दू धर्म में वैदिक से पौराणिक बदलाव का अध्ययन करते हैं तो पाते हैं कि अनन्त, अनेक और अनित्य जैसे सन्दर्भों से एक तरह का जुनून देखने को मिलता है। ये उस वैश्विक दृष्टिकोण को स्थापित करता है जो अब्राह्मी विचारधारा का बिल्कुल उलटा है जो दुनिया को नियम और मूल्यों से ठीक रखने की जुगत लगाता है। हिन्दूवादी दुनिया में हर किसी का अपना एक अलग सन्दर्भ है। हर किसी की अलग-अलग इच्छाएँ, ज़रूरतें, भूख और भय हैं। स्थान, काल और पात्र के हिसाब से मूल्य और क़ानून बदलते हैं। चूँकि अब्राह्मी माइथोलॉजी समानता को प्रधानता देती है इसलिए वो विरूपता की जगह समरूपता को ज़्यादा महत्त्व देती है। हिन्दू माइथोलॉजी विविधता को महत्त्व देती है और इस बात का सम्मान करती है कि एक बहुआयामी समाज में एक तरह के नियम/मूल्य नहीं हो सकते। साथ ही साथ हिन्दू माइथोलॉजी परिवर्तनशीलता को कर्त्ता मानती है, विचार जिसके अनुसार हर चीज़ वक़्त के साथ बदल जाती है।

यही वजह है कि रामायण में मर्यादा पुरुषोत्तम राम हैं और नियम तोड़ने वाला खलनायक रावण भी है। वहीं महाभारत में नियम के विरुद्ध जाने वाले नायक कृष्ण हैं और नियम का पालन करने वाला खलनायक दुर्योधन है। समस्या नियम या मूल्य नहीं हैं। समस्या आज्ञापालन या आज्ञाउल्लंघन भी नहीं है। समस्या हमारे अन्दर की वो पाश्विकता है जो सम्भावित मानवीय संवेदना को उभार नहीं पाती।

वैश्विक वैदिक विचार में फ़ोकस नियम और मूल्य, आज्ञापालन और सज़ा पर नहीं है। इसमें फ़ोकस या केन्द्रबिन्दु धर्म पर है, जागरूकता के साथ दूसरों के साथ जुड़ना और अपने भय और भूख पर क़ाबू पाना। अधिक क्षुधा/भूख और भय, अहम् को पोषित करती है और हमें आत्मा से दूर ले जाती है। जब मनुष्य अपनी शक्ति बढ़ाने के लिए दूसरों को क़ाबू करने की कोशिश करता है, तब उसका

अहम् है जो क्रियाशील होता है। जब हम लोगों को एक-दूसरे के प्रति सहानुभूतिपूर्ण आचरण के लिए समर्थ बनाते हैं, और ख़ुशहाली लाने की कोशिश करते हैं बजाय किसी को हराने या नियन्त्रित करने के, तब हमारी आत्मा काम कर रही होती है। नियम और मूल्य तो बस विचार हैं।

अन्त में सवाल ये है कि क्या हम सिर्फ़ अपने (जीवात्मा) लिए काम करते हैं या फिर हम पर (पर-आत्मा) के प्रति भी चिन्ताशील हैं? राम और कृष्ण दूसरों के लिए सहायक हैं जबकि रावण और दुर्योधन स्वयं के लिए। हम सब इन सबके बीच में आते हैं, इस उम्मीद में कि हम धर्म और आत्मा (राम/कृष्ण) की तरफ़ प्रेरित हैं।

हम ऐसा कह सकते हैं कि दुनिया के अब्राह्मी धर्म जहाँ अपनी धर्मनिरपेक्ष नीतियों से दुनिया में सुधार करना चाहते हैं, हिन्दू धर्म संवेदनाओं और मानसिक विस्तार पर ज़्यादा तवज्जो देता है। ये अधीर लोगों के लिए नागवार हो सकता है। पर इतनी जल्दी भी क्या है? ये संसार अन्तहीन है और हिन्दू धर्म के अनुसार यह जन्म तो असंख्य जन्मों में से एक है।

2

हिन्दू धर्म के अनुसार इस संसार की उत्पत्ति कैसे हुई?

हिन्दू धर्म में संसार की उत्पत्ति को लेकर एक ही कहानी नहीं है। बाइबल में मिलने वाली जेनेसिस या प्रारम्भ की कहानी, जहाँ ईश्वर संसार की रचना शून्य से करते हैं या फिर विज्ञान से मिलने वाली बिग बेंग थ्योरी, जो आत्मा से ज़्यादा विषय को प्रधानता देती है वह हिन्दू धर्म में वर्णित संसार की उत्पत्ति की कहानी के ठीक विपरीत है।

अब्राह्मी माइथोलॉजी में वस्तुत: एक सेगमेंट यानी खण्ड के तौर पर संसार की एक निश्चित शुरुआत और निश्चित अन्त है। हिन्दू धर्म में संसार एक रेखा की तरह है, अन्तहीन, इसकी पुनरावृत्ति होती है और इसकी शुरुआत और अन्त अनिश्चित होता है। काल या समय के प्रति असमान धारणा, उत्पत्ति से सम्बन्धित विपरीत वैचारिक मिथ्यों को व्यक्त करती है। यहूदी, ईसाई और इस्लामिक परम्पराओं में एक प्रारम्भ या जेनेसिस है, हिन्दू धर्म में ऐसी कोई एक धारणा नहीं है।

बौद्ध और जैन धर्म की तरह हिन्दू धर्म, संसार को अनादि समझता है जो उत्पत्ति और विनाश के चरणों से गुज़रता है। इसलिए शुरुआत का अर्थ एक चरण या फेज़ का प्रारम्भ है, इसका आशय

सिर्फ़ संसार के प्रारम्भ से नहीं है। हिन्दू धर्म की प्रकृति बहुआयामी है, जो इतिहास के कई कालों में विभिन्न समुदायों की विविध आस्थाओं, संस्कारों का विशाल संग्रह है। यहाँ उत्पत्ति की कोई एक कहानी वर्णित नहीं है।

जब हिन्दू धर्म में हम 'उत्पत्ति' की बात करते हैं तो हमें ये स्पष्ट करना चाहिए कि हम क्या कहना चाहते हैं—विषय के जन्म के बारे में, या फिर आत्मचेतन या फिर जीवित प्राणियों के बारे में या संस्कृति के बारे में। यह कभी स्पष्ट नहीं होता क्योंकि विभिन्न वैदिक और पौराणिक आख्यानों में अलग-अलग विचार व्यक्त किये गये हैं।

दुनिया की शुरुआत के बारे में कई कहानियाँ हैं कुछ वेदों से, कुछ ब्राह्मणों से, कुछ पुराणों से, कुछ दार्शनिक कहानियाँ जो धारणाओं से सम्बन्धित हैं और कुछ चरित्रों पर आधारित वर्णन भी हैं। इन सब में हम गहरी असमानताओं के बीच एक समानता पाते हैं।

शुरुआती वैदिक स्तोत्र में ऐसा उल्लेख है कि संसार एक पुरुष है जिसकी रचना आदियुगीन प्राणी के जीवन उत्सर्ग के बाद हुई। संस्कृति भी एक पुरुष है जिसकी रचना चार प्रकार के लोगों के संयोजन से हुई। ज्ञान संरक्षक यानी ब्राह्मण जो पुरुष का सिर है, भूमि नियन्त्रक यानी क्षत्रिय जो पुरुष की बाँहें हैं, बाज़ार नियन्त्रक यानी वैश्य जो कि पुरुष के शरीर के मध्य का हिस्सा है और सेवा देने वाले यानी शूद्र जो पुरुष के निचला यानी पैरों वाला हिस्सा है। इसलिए निर्माण परस्पर अलगाव और मिलन की प्रक्रिया है।

बाद में पौराणिक परम्पराओं में ब्रह्मा को रचयिता बताया गया है। यहाँ जीवन (संवेदनशील) की रचना का ज़िक्र है न कि संसार (वस्तु) का। ये भी मानवीय संस्कृति का उल्लेख करते हैं प्रकृति या स्वभाव का नहीं। संस्कृति चार चरणों से गुज़रती है—बाल्यावस्था (कृत), यौवन (त्रेता), वयस्क (द्वापर) और वृद्धावस्था (कलि)-मृत्यु (प्रलय) से पहले जिसके बाद पुनर्जन्म होता है। मृत्यु की समानता बाढ़ से की गयी है और इनके बीच जो जीवित रह पाता है वो है प्रथम

मानव, मनु, वेद, जिसे विष्णु बचाते हैं। इस घटना की पुनरावृत्ति होती है।

ब्रह्मा को प्रजापति भी कहते हैं, जो सभी प्राणियों के पिता हैं। उन्हीं के चित्त से चित्त पुत्र, ऋषियों की उत्पत्ति होती है—यहाँ अलैंगिक प्रजनन का उल्लेख मिलता है। इसके बाद वो पुत्र आते हैं जो स्त्रियों से विवाह करते हैं और सन्तान पैदा करते हैं। पुराणों के अनुसार, ब्रह्मा के पुत्र ऋषि कश्यप कई स्त्रियों से विवाह करते हैं और विभिन्न जीवों को जन्म देते हैं। टिमी मछलियों को पैदा करती हैं, कदरु साँपों को और विनीता चिड़ियों को। पर ये कहीं भी स्पष्ट नहीं होता कि ये स्त्रियाँ आती कहाँ से हैं : इनकी उत्पत्ति ब्रह्मा के शरीर से हुई या फिर कहीं और से? ब्रह्मा और सभी पुरुष रूप मन के अलंकार प्रतीत होते हैं जिसे विषय (स्त्री द्वारा दर्शाया) में रोपित कर जीवन की रचना होती है।

स्त्री और पुरुष का संयोग, मन और विषय, का पौराणिक धारणाओं में बार-बार उल्लेख किया जाता है, ख़ासकर तन्त्र के उदय होने के बाद। शिव बिना शक्ति के संसार की रचना कर ही नहीं सकते हैं, उनके बिना वो मोहताज हैं। शिव और शक्ति का संसार प्रकृति है। गीता में इस द्वैत भाव को नकारा गया है। कृष्ण ये दावा करते हैं कि जीवन का स्रोत वो हैं, उनकी दो कोख (योनि) हैं जो चित्त और विषय हैं। कुछ लोग चित्त के बजाय चेतना शब्द का प्रयोग ज़्यादा उचित समझते हैं।

कौन पहले आता है—चित्त या विषय? पुराने वैदिक स्तोत्र में यह शंका ज़ाहिर की गयी है कि इस प्रश्न का शायद ही कभी कोई उत्तर मिले। यही संशय उपनिषदों में भी मिलता है, हालाँकि इस सवाल के जवाब के कई प्रयास किये जाते हैं।

बाद में तन्त्रों में विषय के देवी के रूप में पहले आने की बात कही गयी है और उन्हीं से चित्त आया जिसके तीन नर रूप हुए : ब्रह्मा यानी ब्राह्मणय विष्णु यानी राजाय शिव यानी संन्यासी। ब्रह्मा

ने देवी पर प्रभुत्व स्थापित करने की चेष्टा की तो उनका सिर धड़ से अलग हो गया। शिव ने देवी की अवहेलना की कोशिश की तो उन्हें सम्मोहित कर उनका पति बना दिया गया। विष्णु देवी के संरक्षक और प्रेमी दोनों बने। ब्रह्मा की देवी पर नियन्त्रण करने की इच्छा ही वो कारण है जिसकी वजह से उनकी पूजा नहीं होती।

हालाँकि पुराणों में चित्त पहले आता है। संसार की रचना तब हुई जब विष्णु नींद से जागे और उनकी नाभि से कमल निकला जिस पर ब्रह्मा विराजमान थे। अकेले और भयभीत, अपनी उत्पत्ति के कारणों से अनजान ब्रह्मा ने अपने चित्त से कई जीवों की रचना की। और उन्हें ये लगा कि वो सृष्टि कर्त्ता हैं—एक और कारण है जिसकी वजह से उनकी पूजा नहीं होती।

विष्णु के उपासक, जो हज़ार साल पहले से ही काफ़ी प्रभावी थे, ने ज़ोर दिया है कि संसार की उत्पत्ति तब हुई जब विष्णु की निद्रा टूटी और संसार का अन्त तब होता है जब विष्णु निद्रामग्न होते हैं। विष्णु ने समुद्रतल से संसार की रक्षा की, समुद्रमन्थन में सहायक हुए जिससे लक्ष्मी उत्पन्न हो सकें।

शिव उपासक इस बात को नहीं मानते। वो खम्भे में आग की कहानी सुनाते हैं जो चेतना का साकार स्वरूप है, जिसका कोई प्रारम्भ या अन्त नहीं, जिसका छोर ब्रह्मा, हंस बनकर नहीं ढूँढ़ पाये, जिसके तले को विष्णु, जंगली वराह बनकर नहीं ढूँढ़ पाये। इसलिए शिव अनन्त हैं जिनके आसपास सभी नश्वर स्वरूप आकार लेते हैं।

सृजन के विविध स्वरूपों को देख हम जीवन की विविध सम्भावनाओं के बारे में सोचकर आनन्द उठा सकते हैं। यह वैश्विक दृष्टिकोण को सिर्फ़ एक तथ्य तक ही सीमित नहीं रखता। इस विषय में हम फिर से हिन्दू धर्म की गतिशील विविधता देख सकते हैं।

3

बहुत से ग़ैर-हिन्दू, हिन्दू धर्म को माइथोलॉजी समझते हैं धर्म नहीं?

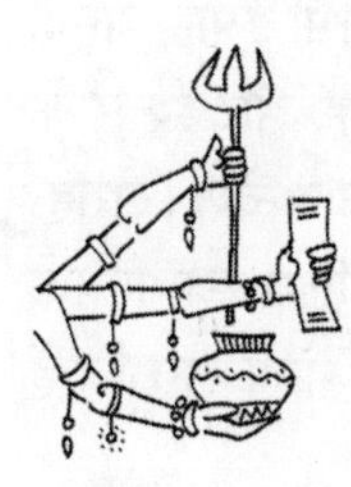

माइथोलॉजी या आख्यान का मतलब लोगों का वो विश्वास है जो कहानियों, प्रतीकों और परम्पराओं के माध्यम से दर्शाया जाता है। दसवीं शताब्दी में एक ईश्वर (अद्वैतवाद) पर आधारित दृष्टिकोण ही धर्म था, जबकि अनेक ईश्वर (बहुदेववाद) माइथोलॉजी था। आज के वैश्विक दृष्टिकोण के अनुसार एक ईश्वर, अनेक ईश्वर या ईश्वर का न होना सभी माइथोलॉजी है।

हिन्दू धर्म में कई आस्थाओं को स्थान मिला हुआ है : ईश्वर का न होना (नास्तिकता), अनेक ईश्वर (बहुदेववाद), एक ईश्वर (अद्वैतवाद), देवी और इन सभी का मिश्रण। यह पश्चिम के लोगों के लिए उलझन का विषय है क्योंकि उनके लिए धर्म का अर्थ एक ईश्वर, एक ग्रन्थ और जीवन जीने का एक तरीक़ा है। अलग शब्दों में कहें तो पाश्चात्य सन्दर्भ, ईसाई, इस्लाम और यहूदी धर्म को भूमण्डल निर्देश चिह्न की तरह इस्तेमाल करता है। बौद्ध धर्म के प्रति पश्चिम के विशेष प्रेम का कारण है बौद्ध धर्म का सिर्फ़ एक संस्थापक होना, जोकि गौतम बुद्ध हैं।

वे जो आख्यानों से असहज हैं, मुख्यत: एक सच में विश्वास करते हैं : सत्य। इन्हें दो समूहों में बाँटा जा सकता है : एक वे जो अद्वैतवादी धर्म के अनुयायी हैं जैसे—यहूदी, ईसाई और इस्लाम और दूसरे वे जो मानते हैं कि मनुष्य विवेकशील है और वैज्ञानिक सिद्धान्तों का पालन करता है। दूसरे समूह के लिए सत्य निष्पक्ष, तथ्यों पर आधारित और ऐसा है जिसका एक पैमाना है। न कि आत्मनिष्ठ सत्य जो विश्वास पर आधारित है और जिसे पैमाने पर मापा न जा सके।

सोलहवीं शताब्दी में जब तक वैज्ञानिक क्रान्ति नहीं हुई थी तब तक यूरोप में चर्च का प्रभुत्व था जो ये समझता था कि एक वो अकेला सत्य जानता है और जो यहूदी या मुसलमान सत्य जानने का दावा करते थे उन पर मुक़दमा चलता था। हालाँकि सभी ईसाई, यहूदी और मुसलमानों की तरह अब्राहम में विश्वास करते हैं और ईश्वर के सन्देशवाहक (मोजेज या ईसा या मुहम्मद) और उनके सन्देश (टोराह, गॉसपेल, क़ुरान) पर बिल्कुल असहमत होते हैं। इसलिए स्वाभाविक है जब उन्होंने हिन्दुओं को देखा तो वे उन्हें विधर्मी, भोगी लगे जिन्हें अब्राहम के बारे में पता नहीं था।

वैज्ञानिक धर्म के पदार्पण से, ईश्वर में विश्वास को ही माइथोलॉजी के नज़रिये से देखा जाने लगा, क्योंकि ईश्वर कोई साबित करने या मापे जाने वाला सन्दर्भ नहीं है। ये द्वितीय विश्वयुद्ध के समय पूरे चरम पर पहुँच गया जब देवता अब्राहम, मानवता को आशा नहीं दे पा रहे थे। ज़्यादातर शिक्षित लोग धर्म को छोड़ विज्ञान, नास्तिकता और तर्कशीलता को अपना रहे थे। यह बात धर्मावलम्बियों को क्रोधित और असुरक्षित कर रही थी। अद्वैतवादी जिन्होंने हिन्दू धर्म को माइथोलॉजी मानकर अस्वीकृत कर दिया था उन्हें समझ आया कि वे स्वयं कल्पना में हैं क्योंकि ईश्वर कोई मापा जा सकने वाला वैज्ञानिक तथ्य नहीं है। इसलिए वे वैज्ञानिक विचार जैसे उत्पत्ति (जो जैव रासायनिक घटनाक्रम की शृंखलाएँ हैं जिससे जीवन की रचना होती है) को नकार

देते हैं और धार्मिक विचार जैसे सृष्टिकर्ता (ईश्वर ने सृष्टि की रचना की) पर ज़ोर देते हैं। अमेरिका, ईसाइयों और तर्कसंगत नास्तिकों के बीच लड़ाई का मैदान बन गया है। यूरोप थोड़ा कम धार्मिक है, परन्तु मुस्लिम शरणार्थियों, जो पश्चिम में बेहतर सम्भावनाओं, जो विज्ञान की देन हैं, से फ़ायदा उठाना चाहते हैं, पर ईश्वर के अपने मत से चिपके भी रहना चाहते हैं और अपने उस मत को प्रजातान्त्रिक राज्य से ऊपर तरजीह देते हैं, उन्हें कैसे सँभाले इस बारे में असमंजस में है।

इसलिए अमेरिका और यूरोप में, धर्म और धर्मनिरपेक्ष राज्य आपस में लड़ते रहते हैं। वहाँ चर्च के साथ आन्तरिक और मुसलमानों से बाह्य संघर्ष है। दक्षिणपन्थी यानी राइट विंग ईसाई समर्थक और मुस्लिम व तर्क विरोधी हैं। वामपन्थी तर्कसंगत होने का दावा करते हैं, परन्तु ईसाई और यहूदी समुदाय से द्वेष के चलते मुस्लिम समुदाय के साथ हो जाते हैं, इस दावे के साथ कि उनका सरोकार मानवता से है और वे इस्लामी कट्टरपन्थ को नज़रअन्दाज़ कर देते हैं। दोनों पक्षों में, साम्य है वह इस बात पर कि दोनों को ऐसा लगता है कि उन्हें सत्य का ज्ञान है, इसलिए इतने वाद-विवाद और तर्क-कुतर्क में उलझकर अपनी बात ऊपर करने की कोशिश करते हैं। कुछ ही देख पाते हैं कि भौतिक विज्ञान के नियम सामाजिक विज्ञान में लागू नहीं किये जा सकते क्योंकि इसमें निहित मानवीय कल्पनाशीलता किसी भी मानक को अस्वीकृत करती है।

हिन्दू धर्म ने हमेशा कल्पना को महत्त्व दिया है। जो इस कल्पना को धर्म में बदलने की कोशिश करते हैं, वे हिन्दू धर्म को अब्राह्मी विचारधारा के एक ईश्वर, एक प्रचारक, एक नियम, एक ग्रन्थ और एक जीवन के तरीक़े में बदलने की इच्छा रखते हैं। वो हिन्दू धर्म का एक अलग ही स्वरूप गढ़ रहे हैं।

हिन्दू धर्म ने हमेशा से कई सत्यों को जगह दी है और सत्य को मात्रात्मक (सीमित/असीमित) देखा है न कि गुणात्मक (सही/ग़लत)।

इसकी वजह से एक आपका सच है और एक मेरा सच, और सिर्फ़ ईश्वर ही सच को जानते हैं। आपका सच और मेरा सच अद्वैतवाद, बहुदेववाद और नास्तिकता पर आधारित है और इनके विस्तार का दायरा सीमित है। सिर्फ़ ईश्वर का सत्य अनन्त और असीमित है। ईश्वर क्या है? कौन जानता है? चूँकि मानव मन सीमित है जबकि ईश्वर अनन्त, इसलिए तर्क शक्ति और किसी पैमाने से ईश्वर की खोज नहीं की जा सकती। हिन्दू धर्म को दृष्टिकोण के हिसाब से देखें तो कह सकते हैं कि ये माइथोलॉजी, या धर्म, या दोनों, या दोनों में से कोई नहीं है। बाक़ी और आस्थाओं और विचारों की तरह, ये दुनिया को देखने का एक तरीक़ा, एक वैश्विक विचार है।

4

क्या मैं हिन्दू होकर भी नास्तिक हो सकता हूँ?

हिन्दू धर्म को परिभाषित नहीं किया जा सकता। इसलिए इसका सीधा आसान जवाब है : हाँ, आप हिन्दू होकर भी नास्तिक हो सकते हैं। जो हिन्दू धर्म को परिभाषित करने या मानकीकरण करने की चेष्टा करते हैं वो इससे बिल्कुल सहमत नहीं होंगे और ज़ोर डालकर कहेंगे कि हिन्दू धर्म ईश्वरवादी है। समस्या तब ये आती है कि हम ईश्वर की क्या परिभाषा दें।

विश्व में जब धर्म की बात होती है तो उसका ताल्लुक़ अधिकतर यहूदी, ईसाई और इस्लाम धर्म से होता है। जब 'ईश्वर' (एकवचन, मोटे अक्षरों में लिखा हुआ, पुरुष) शब्द का प्रयोग होता है, वो असल में अब्राह्मी देवता जो यहूदी, ईसाई और मुसलमानों के देवता हैं उनका उल्लेख करता है। यह देवता मानवता और सृजन से परे होता है, वह दुनिया और मानवता की रचना करता है, मानवता से प्यार भी करता है और अपने पैगम्बरों से यह निर्देश दिलवाता है कि मनुष्य का आचरण कैसा होना चाहिए। इस देवता ने बताया कि मानवीय कमियों की वजह से किस तरह स्वर्ग जैसी दुनिया के नियम भंग होते हैं। वह

मनुष्य को जीवन जीने और ईश्वर के प्रति अपना प्रेम साबित करने के लिए सिर्फ़ एक मौक़ा देते हैं। यहूदी माइथोलॉजी में जो देवता की अवहेलना करते हैं उन्हें देवता से सज़ा मिलती है। ईसाई माइथोलॉजी में देवता अपने ही पुत्र यीशु का बलिदान मानवता के पापों के लिए देते हैं। इस्लामी माइथोलॉजी में ईश्वर, मुहम्मद को अपना आख़िरी पैगम्बर नियुक्त करते हैं। इन तीनों प्रतिनिधि धर्मों का प्रमुख बिन्दु है ईश्वर के साथ एक अनुबन्ध (कांट्रैक्ट) या प्रतिज्ञा पत्र का होना, इसकी अभिव्यक्ति ईसाई धर्म में बपतिस्मा संस्कार और यहूदी और इस्लाम धर्म में सुन्नत द्वारा होती है। यह अनुबन्ध मिथ्या देवताओं और मूर्ति पूजा को अस्वीकार करता है।

पर जब हिन्दू, ईश्वर शब्द का प्रयोग करते हैं तो उसका अर्थ अब्राह्मी देवता नहीं होता। वे उस ईश्वर का उल्लेख करते हैं जो प्राणी के भीतर और बाहर दोनों है। हिन्दू धर्म में ईश्वर साकार और निराकार दोनों हो सकते हैं, स्त्री या पुरुष, एकवचन या बहुवचन, अनन्त या फिर समय और स्थान द्वारा सीमित भी हो सकते हैं। अनन्त ईश्वरीय सत्ता को बड़े अक्षरों में उच्चारित किया जाता है; सीमित ईश्वरीय सत्ता का पैमाना छोटा होता है। इसलिए हमारे यहाँ बड़े और छोटे दोनों प्रकार के देवी-देवता हो सकते हैं। सभी ईश्वरीय प्रभुत्व की अभिव्यक्ति हैं। यहाँ शैतान का कोई स्थान नहीं है। हिन्दू धर्म की पुनर्जन्म (कर्म) में गहरी जड़ें हैं। स्वर्ग, पाप, नियमावली और एक जन्म का कोई स्थान नहीं है। जिस प्रकार से ईश्वर के अनन्त स्वरूपों को समझने की बात की जाती है उस तरह से मिथ्या देवताओं को नकारने की कोई बात हिन्दू धर्म नहीं करता।

हिन्दू धर्म ये मानकर चलता है कि भौतिक संसार स्वरचित और स्वनिर्वाहित है, पर निर्भर है आध्यात्मिक सिद्धान्त (आत्मा), अभौतिकता पर, जिसकी अलग-अलग व्याख्या की गयी है जैसे चेतना, आत्मा, सतर्कता, जिन्हें मूलत: मापा नहीं जा सकता। इसी बात को वेदान्त, तन्त्र, पुराणों और आगमों में अलग-अलग तरीक़े

से समझाया गया है। अलग-अलग विचारवादियों, सम्प्रदायों और परम्पराओं के बीच ये व्याख्या अलग-अलग होती है। कुछ ब्योरे इतिहास में भी बदल गये हैं (बुद्ध के जन्म से पूर्व का हिन्दू धर्म उपनिवेशवादी काल से अलग है), और ये भौगोलिकता की वजह से भी अलग होते हैं (उड़िया परम्परा में हिन्दू धर्म राजस्थानी परम्परा से बिल्कुल अलग होगा)।

हिन्दू धर्म में आधुनिक गुरु अक्सर, ईश्वर को परमात्मा की तर्ज पर समझाते हैं, जो हर जीवात्मा में मौजूद हैं। विष्णु, शिव और देवी यहाँ तक कि गणेश और कार्तिकेय परमात्मा के अनन्त स्वरूप हैं वहीं राम, कृष्ण और गंगा परमात्मा के सीमित स्वरूप हैं क्योंकि वो धरती पर रहते हैं और जन्म-मृत्यु का अनुभव करते हैं। हालाँकि चीज़ें इतनी भी सरल नहीं हैं : राम और कृष्ण सृष्टिकर्ता और देवता दोनों एक साथ हो सकते हैं; रामायण में हनुमान सृष्टिकर्ता से देवता में परिवर्तित हो जाते हैं। पेड़, पशु, पत्थर और ऋषि भी देवता और सृष्टिकर्ता के तौर पर देखे जा सकते हैं। परमात्मा नश्वर रूप धारण कर हमारे अन्दर के ईश्वरीय भाव को जगा हमें परमात्मा की ओर ले जाता है, सीमित संसार से अनन्त संसार की तरफ़ गमन करवाता है। संकीर्ण स्वरूप के कारण हम अहम्, क्षुधा, भय और मृत्यु के बन्धन में फँसे रहते हैं। अनन्त स्वरूप हमें मुक्ति देता है और हम परमात्मा में विलीन हो परम सुख का अनुभव करते हैं।

यह ध्यान देना आवश्यक है कि बौद्ध और जैन धर्म में, जो पुनर्जन्म में विश्वास करते हैं, और जिनमें कई अतिव्याप्त विचार हैं, उनमें ईश्वर जिसने संसार की रचना की और जो मानवों को उनके कर्मों के लिए पुरस्कृत या दण्डित करता है जैसी कोई धारणा नहीं है। बौद्ध धर्म आत्मा के विचार को नहीं मानता। जैन धर्म परमात्मा की धारणा को अस्वीकार करता है, पर जीवात्मा को नहीं। दोनों धर्मों में, गुरु और ऋषियों को, जिन्होंने परम ज्ञान (कैवल्य) की प्राप्ति की है उन्हें भगवान कहा गया है।

हिन्दू धर्म में 'ईश्वर' और 'भगवान' दोनों अनन्त दिव्य के लिए प्रयुक्त नाम हैं। इनमें जो अन्तर है वो यह कि भगवान भौतिक संसार के ज़्यादा सम्पर्क में हैं और ईश्वर इन सबसे अलग और दूर रहते हैं। विष्णु को अक्सर भगवान कहते हैं और शिव को ईश्वर। पर अन्य सभी हिन्दू विचारों की तरह ये परिभाषाएँ भी तुलनात्मक रूप से काफ़ी अस्थिर, अपरिमित हैं।

एक बाहरी सर्वशक्तिमान ईश्वर पर विश्वास करने के बजाय इन सभी बातों का निचोड़ यह है कि हिन्दू धर्म का सार, अपने अन्दर के दैवी भाव को खोजना है, अपने बाहर के ईश्वर का मनन कर, उनकी कहानियाँ सुनकर और भक्ति करके, उनकी छवि की आराधना करना है। हम ये कह सकते हैं कि एक हिन्दू आस्तिक, ईश्वर की हिन्दू *परिभाषा* से साम्य रखता है जबकि एक हिन्दू नास्तिक, ईश्वर की अब्राह्मी *परिभाषा* को नकार देता है।

5

गुरु कौन है?

अद्वयतारक उपनिषद् में उल्लेख है कि गुरु वो है जो अन्धकार (गु) से प्रकाश (रु) की तरफ़ आपको ले जाता है। लेकिन अलग-अलग लोग गुरु शब्द का अलग-अलग सन्दर्भों में प्रयोग करते हैं। प्रचलित मान्यता के हिसाब से गुरु का मतलब अध्यापक, आचार्य, रहस्यवादी, औघड़ और जादूगर (जोगी, सिद्ध, तान्त्रिक), पण्डित (पुरोहित), संन्यासी (भिक्षु, साधु, मुनि), आध्यात्मिक सहायक (अर्हत, तपस्वी, योगी) और विशेषज्ञ (शास्त्री, पण्डित, ज्ञानी) होता है।

वेदों में गुरु का ज़्यादा उल्लेख नहीं मिलता जितना कि ऋषियों का मिलता है जो दुनिया का अवलोकन कर अपने ज्ञान और अन्तर्दृष्टि को मन्त्रों द्वारा अपने विद्यार्थियों को देते हैं। उपनिषदों में याज्ञवल्क्य जैसे शिष्य का ज़िक्र है जो अपने अध्यापक वैशम्पायन से विवाद करते हैं और अष्टावक्र ऋषि जो राजा जनक के साथ वार्तालाप में सत्य की खोज की चेष्टा करते हैं।

यहाँ गुरु के ज्ञान के मूल स्रोत होने का कोई उल्लेख नहीं है जिस पर हमें निर्भर होना चाहिए। यहाँ शिष्य की स्वायत्तता और स्वाधीनता

मायने रखती है।

रामायण में वशिष्ठ और विश्वामित्र, जो आचार्य हैं, राम को कई विद्याओं का ज्ञान देते हैं। उसी तरह महाभारत में, आचार्य कृपा और द्रोण, पाण्डवों और कौरवों को युद्ध कौशल और विद्या सिखाते हैं। इन सभी को सामान्य चलन में गुरु ही कहा जाता है।

पुराणों का ऐसा कहना है कि बृहस्पति के बिना देवता युद्ध नहीं जीत सकते और शुक्र के बिना असुर मृत को जीवित नहीं कर सकते। ये सभी जादूगर और औघड़ प्रतीत होते हैं। आख़िर ये किस प्रकार के गुरु थे?

भागवत पुराण में कृष्ण, उद्धव को चौबीस निर्मोही अवधूतों के बारे में बताते हैं। यहाँ वे कई तत्त्वों, पौधों, पशुओं और जीवन अनुभवों को सम्मिलित करते हैं जो किसी संन्यासी को जागरूक करते हैं। इसलिए गुरु वो होता है जो अन्तर्दृष्टि को जाग्रत करता है। पर स्कन्द पुराण में, हम देखते हैं कि शिव पार्वती को बतला रहे हैं कि गीता के अनुसार बिना गुरु के वेदों को समझना और मोक्ष की प्राप्ति असम्भव है।

भागवत पुराण में गुरु को देखने का नज़रिया वह है, जो मनुष्य की *आज़ादी* को मान्यता देता है और उसको समर्थ बनाता है। स्कन्द पुराण के अनुसार गुरु, मानवीय *निर्भरता* को बढ़ावा देता है।

पच्चीस सौ वर्ष पहले, बुद्ध ने ऐसे गुरु के रूप में शुरुआत की जो अपने शिष्यों को स्वतन्त्र बनाना चाहते थे। पर कई शताब्दियों के दौरान हमने देखा कि उनके शिष्य बहुत ज़्यादा उन पर निर्भर हो गये। बुद्ध ने आध्यात्मिक व्यवस्था को प्रजातान्त्रिक बनाया, और उसमें प्रवेश के लिए किसी की जाति से कोई मतलब नहीं था। कोई भी इसमें शामिल हो सकता था बस उन्हें बुद्धं शरणं गच्छामि का संकल्प लेना होता था और, धम्म और संघ की प्रतिबद्धता घोषित करनी होती

थी। पर जैसी कि बौद्ध ग्रन्थों (पिटकों) से जानकारी मिलती है ज़्यादा लोगों के शामिल होने पर, ज़्यादा नियम, ज़्यादा लड़ाइयाँ और ज़्यादा खाइयाँ उभरने लगीं। धीरे-धीरे, ख़ासकर बुद्ध धर्म की महायान शाखा में, बुद्ध को विचारक और गुरु कम, ईश्वर की तरह पूजा जाने लगा, जो करिश्मे करते थे, अगर किसी का उनमें अटूट विश्वास हो तो किसी भी आम समस्या का समाधान कर सकते थे।

ईसाई धर्म के इतिहास में भी हमें ऐसा बदलाव देखने को मिलता है। यीशु पहले एक प्रचारक होते हैं, जो अपने आप को देवदूत की जगह देवपुत्र कहते हैं और धीरे-धीरे उनके शिष्य मान लेते हैं कि धरती पर वो ही ईश्वर हैं। यहाँ तक कि उनकी माँ भी पूजनीय और सराहनीय बन जाती हैं हालाँकि उन्हें देवी का दर्जा प्राप्त नहीं होता। उसी तरह हदीथ में लिखित इस्लाम में भी सिर्फ़ अल्लाह के शब्दों, जो क़ुरान में प्रकट होते हैं, को ही महत्त्व नहीं दिया जाता बल्कि मुहम्मद की आयतों को भी उतनी ही इज़्ज़त मिलती है जिनको उनके अनुयायियों ने अन्तिम पैगम्बर माना और ये हदीथ में लिखित हैं।

जैन धर्म में तीर्थंकर (गुरुओं के गुरु) और सामान्य भिक्षुओं तथा जो संन्यासी (श्रमना) पढ़ाते हैं और जो शिष्य गुरुओं को सुनते हैं (श्रावक) में साफ़-साफ़ भेद होता है। सिवाय वर्षा ऋतु के अध्यापकों को कहीं भी एक दिन से ज़्यादा रुकने नहीं दिया जाता। सभी भौतिक सुखों का त्याग करते हुए उन्हें हमेशा व्रत रखना होता है और एक जगह से दूसरी जगह चलकर जाना होता है सभी भौतिक सुखों का त्याग करते हुए यहाँ तक कि वस्त्रों का भी।

पिछले एक हज़ार सालों में, जैसे ही भारत में बौद्ध धर्म का ह्रास आरम्भ हुआ, रामानुज, माधव, वल्लभ और बसवा जैसे कई हिन्दू आध्यात्मिक विद्वानों ने कई मठों, सम्प्रदायों, परम्पराओं और अखाड़ों की शुरुआत की जो मन्दिर प्रांगण से सटे होते थे, जिनके नियम, क़ायदे, और व्यवस्था काफ़ी हद तक बुद्ध संघ की तरह होते

थे। वे कुशल प्रशासक थे। उनको विजयनगर के राजा और तंजौर के नायक जैसे कई राजाओं का संरक्षण प्राप्त था। इन मठीय संस्थाओं की स्थापना का उद्द्देश्य हिन्दू धर्म को तुर्क धर्म से बचाना था, जो भारत में आठ सौ साल पहले उत्तर-पूर्व से आयी इस्लाम पर आधारित एक नयी व्यवस्था थी। इस्लाम के प्रभाव में गुरु शब्द का प्रयोग, पैगम्बर (देवदूत) के समान किया जाने लगा जो कि हिन्दू सन्दर्भ से, जहाँ गुरु एक विरक्त संन्यासी (दिगम्बर, श्रमना, गोसाईं) जो सत्य की तलाश करता है, उससे बहुत ही अलग है।

पाँच सौ साल पहले जब दक्षिण भारत से भक्ति आन्दोलन का विस्तार उत्तर भारत में होने लगा तो गुरुओं, पीरों और सन्तों ने ग्रामीण इलाक़ों में कई डेरों की स्थापना की। आज ये डेरे बड़े संगठन बन चुके हैं। उदाहरण के लिए आज सिख, धर्म बन चुका है। यह सिखों के दस गुरुओं से उत्पन्न हुआ जो भक्ति स्तोत्र से परिपूर्ण एक धार्मिक ग्रन्थ होता है। समय के साथ इस आध्यात्मिक खोज (पीरी) को भौतिक नियमों (मीरी) से अलग करना पड़ा क्योंकि पीर और आमिर के बीच तनाव दिखने लगा। ये काफ़ी हद तक वैदिक समय में ऋषि और राजा के बीच के तनाव की तरह है जिसकी वजह से विरोध पैदा हो जाता, जैसा कि परशुराम की कहानी में वर्णित है।

आज, गुरु शब्द का प्रयोग सम्पूर्ण विश्व में भारतीय आध्यात्मिक नेताओं के लिए किया जाता है जो सभी सांसारिक मोह से परे हैं पर अपने 'अनुयायियों' द्वारा भेंट में दिये गये धन और शक्ति का भरपूर आनन्द उठाते हैं। ये अनुयायी अपना सम्पूर्ण समर्पण और श्रद्धा प्रकट करते हैं, इनमें कोई अहम् नहीं होता और ये अपने गुरु को स्वामी, नाथ या महाराज कहकर सम्बोधित करते हैं। अन्ततः गुरु, ईश्वर से अधिक महत्त्वपूर्ण हो जाता है जैसा कि बौद्ध धर्म में होता है। गुरु एक प्रदेश बन जाता है जिसकी रानी मधुमक्खी की तरह अन्य मधुमक्खियाँ रक्षा करती हैं। क्योंकि बिना रानी मधुमक्खी के छत्ते में सुरक्षा और

पोषण नहीं रहता। इस मानसिकता का उल्लेख गुरु गीता में मिलता है जिसके अनुसार गुरु, माता-पिता और ईश्वर के समान या उनसे भी बड़ा है।

आधुनिक युग में सम्पूर्ण विश्व में हमें गुरुओं के अनुयायी मिलते हैं जो क़बीलों और समूहों की तरह होते हैं। ये गुरु अलग-अलग सामाजिक वर्गों को प्रेरित करते हैं, जैसे कुछ अंग्रेज़ीभाषी शहरी लोगों और अप्रवासियों से सम्बन्धित होते हैं तो कुछ ग़ैर-अंग्रेज़ीभाषी ग्रामीण लोग जो राज्य और संगठित धर्म से विरक्त हो चुके हैं। जैसे-जैसे इन धर्मगुरुओं के सेक्स स्कैंडल सामने आते हैं ये बात स्पष्ट होती जाती है कि ये राजनेताओं के वोट बैंकों को समर्थन देते हैं जिसके बदले में इनके अपने विशाल धार्मिक संस्थानों, जो आध्यात्मिक सामान, सेवाएँ और विचार बेचते हैं, का विस्तार हो सके। ऐसे में ये सोचना पड़ता है कि असल गुरु कौन है?

इसका जवाब अन्ततः अनुयायी पर निर्भर करता है। कुछ के लिए गुरु एक आध्यात्मिक लेप की तरह होता है या सकारात्मक ऊर्जा का अन्तहीन स्त्रोत, जो सभी समस्याओं को चमत्कारी रूप से सुलझा देता है। ये गुरु को बालोचित रूप से अपने ऊपर पूरी तरह हावी करते हैं और कोई उतरदायित्व नहीं लेते और उन पर शिशु की तरह भावनात्मक रूप से भी निर्भर रहते हैं। कुछ के लिए गुरु गुरुत्वाकर्षी है जो अन्धकार को दूर कर अन्तर्दृष्टि जाग्रत करता है, जिससे स्वतन्त्रता को बल मिलता है और जो एक अवधूत की तरह भ्रमण करते हैं।

Devdutt

6

क्या राक्षसों या असुरों को हिन्दू शैतान कह सकते हैं?

हम अधिकतर ये मानते हैं कि सभी धर्म समान हैं और हर माइथोलॉजी में एक शैतान होता ही है। लेकिन हिन्दू धर्म में कोई शैतान नहीं है। हम शैतान को devil के हिन्दी शब्द के रूप में लेते हैं जो ग़लत है क्योंकि शैतान शब्द उर्दू का है और इसकी जड़ें फ़ारसी विचार में हैं।

हिन्दू धर्म में शैतान की धारणा है ही नहीं क्योंकि इसमें ईवल का कोई विचार नहीं है, और इसमें ईवल की अवधारणा इसलिए नहीं है क्योंकि ये पुनर्जन्म और कर्म के सिद्धान्तों पर आधारित है। ईवल की अवधारणा और इसका मूर्त रूप, शैतान, इस्लामी और ईसाई माइथोलॉजी में बहुत महत्त्वपूर्ण है क्योंकि ये एक जीवन और मृत्योपरान्त जीवन की धारणा पर आधारित है।

ईवल पश्चिम में धार्मिक लोगों द्वारा नकारात्मक घटनाक्रम के लिए इस्तेमाल किया जाने वाला शब्द है जिसका कोई मूलभूत कारण नहीं होता। ईश्वर अच्छे हैं और दयालु भी, इसलिए वे तूफ़ानों, झंझावातों, हत्याओं और बलात्कारों की वजह नहीं हो सकते। इसलिए इन नकारात्मक घटनाओं की वजह शैतान है जो बुराई फैलाता है।

यक़ीनन लोग विवाद करते हैं कि अगर ईश्वर शक्तिशाली है तो शैतान को हराकर सभी बुरी घटनाओं को बन्द क्यों नहीं करते। इस पर पुजारी, जिन्होंने अपने आप को ईश्वर का वक़ील नियुक्त किया हुआ है, कहते हैं : हम पीड़ित हैं क्योंकि मनुष्य ने शैतान के बहकावे में आकर ग़लत निर्णय ले लिए हैं। ईश्वर ने इन्सान को भगवान और शैतान, अच्छाई और बुराई के बीच चुनाव करने की आज़ादी दी है।

ऐसी धारणाएँ हिन्दू धर्म के लिए अपरिचित हैं। बौद्ध और जैन धर्म में सभी घटनाओं के पीछे कर्म का हाथ होता है। हर क्रिया कर्म है। हर परिणाम कर्म है। हम कर्म के जाल में रहते हैं। हमारा अपने कर्मों पर नियन्त्रण है, पर दूसरों के कर्म पर नहीं। और इसलिए, अच्छे लोगों के साथ बुरा और बुरे लोगों के साथ अच्छा होता है। अच्छा और बुरा मानवीय निर्णय हैं जो हमारे दुनिया को देखने के नज़रिये पर निर्भर करता है। संसार में कुछ अच्छा या बुरा नहीं होता केवल मानवीय समझ का नतीजा होता है।

लोग दुनिया को अच्छे और बुरे, सही और ग़लत के युग्मों में बाँटते हैं। पर समझदार गूढ़ता को देखते हैं और किसी को अच्छे और बुरे के लिए ज़िम्मेदार नहीं मानते। उन्हें न ईश्वर न शैतान की ज़रूरत है। हर घटना, जो तर्कहीन या अकथनीय है उसके पीछे एक कारण होता है। उसके पीछे किसी भगवान या शैतान का हाथ नहीं होता है। हिन्दू धर्म में ईश्वर, हमारे विवेकी होने, सही और ग़लत के परे देख पाने की क्षमता है।

तो फिर असुर और राक्षस कौन हैं? अन्धक जो शिव के हाथों मारा गया, या कंस जिसे कृष्ण ने मारा, या रावण जिसे राम ने मारा, या महिषासुर जिसे दुर्गा ने मारा उनका वर्णन कैसे करेंगे? क्या असुर, राक्षस का समानार्थी है? या ये अलग हैं? इसके लिए हमें हिन्दू माइथोलॉजी की मूल बातों को समझना होगा।

पुराणों के अनुसार सभी प्राणियों का जन्म ब्रह्मा से हुआ है। ब्रह्मा से कई ऋषियों, प्रजापतियों जो कई प्राणियों के पिता कहे जाते

हैं, की उत्पत्ति हुई। ब्रह्मा के पुत्र कश्यप की कई पत्नियाँ थीं जैसे अदिति, दिती और दानु जिन्होंने आदित्यों, दैत्यों और दानवों को जन्म दिया। एक ही पिता से जन्म लेने के बावजूद आदित्यों और दैत्यों के बीच हमेशा लड़ाई होती रहती थी। अंग्रेज़ी लेखक आदित्यों को हिन्दुओं के देवता और दैत्यों को हिन्दुओं के राक्षस कहते हैं। दैत्यों और दानवों को संयुक्त रूप से असुर कहते हैं। देवों को अच्छा और असुरों को बुरा माना जाता है। पर चीज़ें इतनी सरल भी नहीं हैं।

दिती, इन्द्र जो आदित्यों के नेता हैं, उनसे भी महान बच्चे को जन्म देने वाली थीं, तभी इन्द्र ने उनके भ्रूण को ग्यारह हिस्सों में काट दिया। हरेक हिस्सा रोने लगा तो इन्द्र ने कहा, 'मत रोओ', इसी वजह से उनका नाम मारुत पड़ा। वे बच्चे जो रोते नहीं। उन्हें रुद्र भी कहा गया, जो चिल्लाते हैं। वे इन्द्र के अनुयायी और आदित्यों के मित्र बन गये। वैदिक-हिन्दू माइथोलॉजी के तैंतीस देवों में बारह आदित्य, ग्यारह मारुत, आठ वसु और दो अश्विन हुए जिनकी माताएँ अलग, पर सभी के पिता ऋषि कश्यप थे। देवताओं के शत्रु असुर भी ऋषि कश्यप की सन्तान थे। उनकी लड़ाई धरती और आकाश के बीच थी, जिसमें असुरों का पाताल में आधिपत्य था और देवता आकाश से ऊपर स्वर्ग में रहते थे।

लक्ष्मी को अक्सर पाताल-निवासिनी कहते हैं क्योंकि सारा धन धरती के नीचे से आता है। उन्हें पौलोमी (असुर राजा पौलोमन की पुत्री) कहा जाता है जिसकी वजह से वो असुर पुत्री हैं, और वो पाताल से उदित हो देव पत्नी बनती हैं।

असुर कई बार वृक्षों की आत्मा के समान होते हैं जो मारे जाते हैं। पेड़ों की तरह इनमें भी दुबारा पनपने की शक्ति होती है क्योंकि इनके गुरु शुक्र के पास संजीवनी विद्या थी। इसलिए देवता, असुरों को कटाई के त्योहारों जैसे दशहरा, दिवाली के समय मारते हैं : कृष्ण नरकासुर को, दुर्गा महिषासुर को मारती हैं और विष्णु बालि पर बल प्रयोग करते हैं। इनके वध की हर साल पुनरावृत्ति होती है जो मानव

मन को तुष्टि देती है।

राक्षस असुर नहीं हैं। ब्रह्मा के पुत्र पुलत्स्य से वे उत्पन्न हुए। पुलत्स्य से विश्रवा आये, विश्रवा से फिर राक्षस और यक्ष हुए, रामायण के अनुसार इनका नेतृत्व रावण और कुबेर ने किया। जैसे देव और असुरों में लड़ाई होती है उसी तरह राक्षसों और यक्षों में भी लड़ाई रहती है। राक्षस दक्षिण में रह गये और यक्ष उत्तर की तरफ़ चले गये। राक्षसों ने ऋषियों से भी युद्ध किया। ऋषियों ने राक्षसों और असुरों को एक श्रेणी में रखा। इसलिए महाभारत में कई वनवासियों जिन्होंने पाण्डवों और वैदिक जीवन शैली का विरोध किया-बका, हिडिम्बा, जटा, किरमीरा-उन्हें असुर कहा गया है। वैदिक जीवनशैली यज्ञ पर आधारित है जहाँ अर्पण के बदले प्राप्ति होती है, जबकि राक्षसों की जीवनशैली छीन झपट या बाँटने पर आधारित है, जो प्राचीन क़बीलाई व्यवस्था की तरह है। यहाँ तक कि राक्षसों को जंगलों का रक्षक माना गया है। इसलिए यहाँ युद्ध ऋषियों, जो खेती और व्यापार को वरीयता देते थे और राक्षसों जो शिकार के पुराने तरीक़ों और एकत्र करने पर ज़ोर देते हैं, के बीच का मतभेद है। राक्षसों का संघर्ष मनुष्यों और ऋषियों से था। राम ने रावण, उसके भाइयों और उनके पुत्रों का वध किया। वे मत्स्य न्याय का पालन करते हैं जो कि जंगल का क़ानून है जहाँ जिसकी लाठी उसकी भैंस या शक्तिशाली ही सही है, लागू होता है। राम और ऋषि धर्म का अनुसरण करते हैं, जहाँ शक्तिशाली, निर्बल की रक्षा करता है। धरती पर राक्षसों और ऋषियों के बीच समानान्तर संघर्ष चलता है, जो सुव्यवस्थित ग्रामीण समुदायों और बंजारा आदिवासियों के बीच होता है। ये आकाश में रहने वाले देव और पातालवासी असुरों के बीच होने वाले ऊर्ध्वाधर संघर्ष की तरह नहीं है।

विभिन्न प्रकार के विवाहों की श्रेणी में, देव विवाह में पिता अपनी पुत्री का विवाह उस पुरुष से करता है जिसने अपनी योग्यता लड़की के पिता के सामने साबित की हो; असुर विवाह में पुरुष,

पत्नी को ख़रीदता है; राक्षस विवाह में पुरुष स्त्री का अपहरण करता है। इस प्रकार असुरों का सम्बन्ध धन से और राक्षसों का हिंसा से है।

ईसाई मिशनरी और यूरोपीय ओरिएंटलिस्ट इस बात को बताने के लिए लालायित थे कि हिन्दू धर्म या तो ग्रीक माइथोलॉजी (असुरों, राक्षसों, टाइटंस या ईश विरोधी या प्राचीन देवों के बीच साम्य बैठाकर) या फिर ईसाई माइथोलॉजी (असुरों एवं राक्षसों को शैतान के साथ एक श्रेणी में रखकर) के समान है। भारतीय जिन्होंने अंग्रेज़ी शिक्षा हासिल की वो भ्रमित हो गये और राक्षस और असुर को अदल-बदल के इस्तेमाल करने लगे। दोनों ही राक्षस हैं और दोनों ही ईवल का प्रतीक हैं।

विपक्षी समूह और सामाजिक कार्यकर्ताओं ने बढ़-चढ़कर बिना किसी आँकड़े के अटकलबाज़ियों के भरोसे ये बात साबित करने की कोशिश की कि इन राक्षसों को ग़लत समझा गया है दरअसल ये काले द्रविड़ और आदिवासी हैं, जिन पर गोरे आर्यों ने अधिकार जमा लिया। अपनी बात की पुष्टि के लिए उन्होंने आसान से नस्ली तर्कों का सहारा लिया और बताया कि महिष का रंग हरा/काला था। वो इस बात को अनदेखा करते हैं कि राम और कृष्ण भी तो साँवले थे जबकि रावण (राक्षस) और प्रह्लाद (असुर) बिल्कुल गोरे थे।

हिन्दू धर्म असुर और राक्षसों को अलग प्राणी मानता है जिनका जन्म कश्यप और पुलत्स्य से हुआ, जिनमें से एक पाताल में और एक जंगल में रहते थे। देवताओं के पास अमृत था और असुरों के पास संजीवनी विद्या। दोनों समान रूप से शक्तिसम्पन्न थे। देवता गर्मियों में ज़्यादा ताक़तवर होते और असुर सर्दियों में। राक्षसों को कुछ लोगों द्वारा असभ्य समझा जाता क्योंकि वे वैदिक रीतियों के विरोधी थे। तब भी राक्षसों का राजा रावण, जैसाकि रामायण में उल्लेख है वेदों का प्रकाण्ड विद्वान था। बाद के ग्रन्थों में रावण का तन्त्रों, शैववाद से भी सम्बन्ध बताया गया है। हमें कुछ अच्छे राक्षस जैसे विभीषण जो राम का आदर करते हैं और प्रह्लाद जो विष्णु के उपासक हैं का

भी उल्लेख मिलता है।

'ईवल' और 'डेविल' का उस परिदृश्य में कोई अर्थ नहीं जहाँ पुनर्जन्म का विचार प्रधान है। इसलिए इन शब्दों की हिन्दू, बौद्ध और जैन धर्म में कोई सार्थकता नहीं है। असुर और राक्षस शक्तिशाली होते हैं, अनन्त शक्तियाँ जिन्हें भले हम नापसन्द करते हों पर उनका अस्तित्व है। हम बहुशक्तियों के मकड़जाल में रहते हैं जिसमें कुछ सहायक तो कुछ हानिकारक हैं। ये ताक़तें अपने आप में नकारात्मक या सकारात्मक नहीं हैं। इनके साथ हमारा सम्बन्ध इन्हें नकारात्मक या सकारात्मक बनाता है। बुद्धिमान इसे परखने की बजाय इसको समझेंगे।

7

हिन्दू धर्म स्त्रीवादी है या पितृसत्तात्मक?

बाक़ी धर्मों की तरह हिन्दू धर्म भी पितृसत्तात्मक है। पर ये उन सभी धर्मों से अलग, स्त्रीवादी भी है।

सामान्यत: फ़ेमिनिज़म या स्त्रीवाद दो तरह का होता है। समानता स्त्रीवाद स्त्री-पुरुष को एक समान समझता है। उदारवादी स्त्रीवाद मानता है कि औरतों को बाक़ी सभी मनुष्यों की तरह अपने शरीर, ज़िन्दगी के बारे में निर्णय लेने का अधिकार है। हिन्दू धर्म, समानता स्त्रीवाद की अपेक्षा उदारवादी स्त्रीवाद से ज़्यादा प्रेरित है।

असल में, समानता, इस विचारधारा की जड़ें ईसाई माइथोलॉजी में हैं जो सामाजिक वर्गीकरण की उस धारणा को नकारती है जो सभी मनुष्यों को (स्त्रियों को नहीं) ईश्वर की नज़र में समान मानती है। यह धारणा तक़रीबन पन्द्रह सौ साल पहले लोकप्रिय हुई जब रोमन साम्राज्य ईसाई बना। इस्लाम में समानता तब दिखायी देती है जब सभी मक्का जाते हैं वे भले किसी भी आर्थिक, राजनीतिक, राष्ट्रीय समूह के हों, नस्ल और जाति से हों, एक समान कपड़े पहनते हैं।

एक अन्य विचार के अनुसार, कई मुसलमान औरतें इस बात पर ज़ोर देती हैं कि क़ुरान उन्हें सम्पत्ति का अधिकार देता है, पर

इस्लाम की सामाजिक व्यवस्था पितृसत्तात्मक है। हिन्दू धर्म में भी कई स्त्रीवादी विचार हैं जिनको ज़्यादातर जानबूझकर, पितृसत्तात्मकों, नास्तिक कार्यकर्ताओं द्वारा अनदेखा किया जाता है, जो धर्म के प्रति अपने द्वेष को न्यायोचित ठहराने के लिए चाहते हैं कि हिन्दू धर्म पितृसत्तात्मक हो।

कई समकालीन समाज, अपने लोगों को मानवीय मूल्यों के साथ, देह से ऊपर स्वतन्त्र देखने की सोच रखते हैं। समानतावाद स्त्रीवादी पुरुषों के समान अवसरों की माँग करता है। यह तब तर्कसंगत भी है जब किसी काम में समान श्रम लगता है। इन्द्र को दुर्गा द्वारा किसी राक्षस के मारने पर शिव और विष्णु के समकक्ष ही व्यवहार करना होता था। पर क्या इसका अर्थ यह है कि दुर्गा, शिव के समान हैं, या शिव और विष्णु एक समान हैं? क्या ये समान, भिन्न या विशिष्ट हैं?

हर देवी/देवता का एक ख़ास व्यक्तित्व और आवश्यकताएँ हैं। समानतावादी स्त्रीवाद में सभी एक समान होते हैं। पर शिव को सन्तुष्टि कच्चे दूध से, विष्णु को दही और माखन से और दुर्गा को रक्त से होती है। उदारवादी स्त्रीवाद विभिन्नता को स्वीकारता है। इस स्त्रीवाद में दुर्गा, शिव या विष्णु से नीचे नहीं हैं, ना ही ऊपर हैं, बल्कि वे अलग हैं, हर कोई विशिष्ट है और इस विविध ब्रह्माण्ड का हिस्सा है।

हिन्दू धर्म में सभी प्राणी इस अर्थ में समान हैं कि सबके भीतर आत्मा का वास है। लेकिन, सभी प्राणी भिन्न हैं क्योंकि हर आत्मा अलग शरीर धारण करती है। आत्मा देही है, शरीर (देह) में रहने वाली। सबकी देही समान है पर देह अलग है। देही का कोई लिंग नहीं है पर देह का है।

कला में, देही को पुरुष और देह को स्त्री की तरह देखा जाता है। यह एक अलंकार है। हालाँकि लोग इसका शाब्दिक अर्थ लेते हैं और ग़लत निष्कर्ष निकालते हैं कि जीवात्मा/चित्त/देही पुरुष है और वस्तु/शरीर/देह स्त्री है।

जैसे हर पौधा ख़ास होता है और प्रकृति में कई प्रकार के पौधे मिलते हैं उसी प्रकार हर मनुष्य ख़ास है और अलग-अलग संस्कृतियों में विभिन्न प्रकार के मनुष्य होते हैं। मनोविज्ञान में (वेदों की चतुर्वर्णीय व्यवस्था), शरीर विज्ञान में (गीता की मार्गी गुण व्यवस्था), समाज (जाति व्यवस्था के अन्दर हज़ारों जातियाँ) श्रेणियाँ हैं। पर सबसे महत्त्वपूर्ण श्रेणी लिंग है (पुरुष, स्त्री और अन्य)। जैसे हर पौधे की अलग पोषण आवश्यकताएँ होती हैं उसी तरह से हर मनुष्य की अलग ज़रूरतें होती हैं। जैसे बगीचे में कुछ पौधों को औरों से ज़्यादा अनुमोदन मिलता है उसी तरह कुछ मनुष्यों को औरों के मुक़ाबले ज़्यादा पसन्द किया जाता है। कुछ बाग़ों में फल के पेड़ों को ज़्यादा महत्त्व दिया जाता है। उसी प्रकार, किसी समाज में विद्वानों का ज़्यादा महत्त्व होता है और किसी में धनवानों का। कहीं पुरुषों को ज़्यादा महत्त्व दिया जाता है कहीं स्त्रियों को। इसलिए अलग-अलग समाज में शरीर के अलग-अलग पहलुओं को महत्त्व दिया जाता है।

बौद्ध और जैन धर्म और हिन्दू मठीय व्यवस्था में, स्त्री शरीर को पुरुष शरीर से निम्न समझा जाता है। परम ज्ञान की प्राप्ति के लिए पुनर्जन्म द्वारा पुरुष शरीर धारण करना होता था। वो इसलिए क्योंकि पुरुष अपने शरीर के बाहर जीवन की रचना करते हैं और स्त्री शरीर के भीतर जीवन का सृजन करती है। पुरुष अपने मन को क़ाबू कर शरीर में शुक्राणु रोक सकते हैं पर स्त्री शरीर से मासिक स्राव होता है जो मानसिक संयम से परे है।

एक अन्तर जो हिन्दू मन्दिरों में देखने को मिलता है, वह यह कि देवता देवी के बिना अधूरे हैं। शिव शक्ति के बिना अपूर्ण, कृष्ण बिना राधा के, राम बग़ैर सीता के। गृहस्थ समाज में सन्तुलन रखने वाली शक्ति है न कि एकल पुरुष या एकल स्त्री। अकेले पुरुष का सम्मान तभी है जब वो संन्यासी है और अकेली स्त्री का तब जब वो अपने आप को किसी भगवान से जोड़ती है, जैसे मीराबाई और आंडाल जो कृष्ण को प्यार करती थीं और अक्क महादेवी जो शिव

से प्रेम करती थीं।

प्राचीन समय में, संन्यासी स्त्री और पुरुषों का ख़ासा भय होता था। संन्यासी पुरुषों से इसलिए भय होता था क्योंकि वो शक्तिशाली और उग्र होते थे, उनके पास जादुई शक्तियाँ होती थीं और जिन्हें शादी द्वारा ही शान्त और नियन्त्रित किया जा सकता था। उसी प्रकार से अविवाहित औरतों को यौन शिकारी समझा जाता था। कुछ डरावनी योगिनियाँ जो पुरुषों को खा जातीं, अगर उन्हें शादी और मातृत्व से क़ाबू में ना किया जाये, तो उनका भी आतंक था। यह आज़ाद महिलाओं से सामाजिक भय को दर्शाता है। मध्यक़ालीन नाथ परम्परा में, संन्यासी नाथ जोगी, पाश्विक योगिनियों और मात्रकिाओं के बीच हमेशा संघर्ष रहता क्योंकि वे पुरुषों को बकरी बना देती थीं। जो स्त्री एक पुरुष के प्रति ईमानदार (सती) होती या वह जो अपने शरीर की उपेक्षा करती जैसे तमिल संन्यासिनी, काराइक्कल अम्माई, उनका बहुत मान होता था। इस संन्यासिनी ने अपने शरीर की बिल्कुल परवाह नहीं की और दुर्बल, झुर्रियों से भरी, सिकुड़ी-सिमटी देह, रजोनिवृत्ति उपरान्त एक खूसट बुढ़िया में परिवर्तित हो निर्बाध रूप से शिव आराधना में लीन हो गयी। इस क्षीण काया की वजह से किसी पति की पत्नी बनने की मजबूरी भी न रही। जब शरीर का ही कोई महत्त्व नहीं रहा तो मासिक धर्म की भी परवाह नहीं रही। बाद में संन्यासी पुरुष तो पुण्यात्मा माने जाने लगे, पर अविवाहित अकेली स्त्रियाँ ख़तरनाक।

हिन्दू धर्म में सभी प्राणी लिंग और जाति के दायरे में आते जिस पर किसी का ख़ास या बिल्कुल भी वश नहीं था। हमारे साथ क्या होता है उसका चयन हम नहीं कर सकतेय उसका निर्धारण हमारे कर्म करते हैं। योग से हम किसी परिस्थिति में कैसी प्रतिक्रिया देते हैं वो चुन सकते हैं। अपने चयन के लिए हम स्वयं ज़िम्मेदार होते हैं। अपने कर्मों और उनके परिणाम का उत्तरदायित्व हमें स्वयं लेना होता है।

मनुस्मृति के अनुसार, स्त्री पुरुष के अधीन है : अपने पिता, भाई, पति, पुत्र। उसे उनकी आज्ञा का पालन करना होता है। दूसरे

शब्दों में, स्त्री अपनी प्रतिनिधि नहीं होती। लेकिन पुराणों में सती और पार्वती अपने पति ख़ुद चुनती हैं, विष्णु जब लक्ष्मी का उचित आदर नहीं करते तो वो उन्हें छोड़कर चली जाती हैं। महाभारत में भी गंगा और सत्यवती विवाह की स्वीकृति से पहले कठिन शर्तें मनवाती हैं। भागवत में उषा, अपने प्रेमी अनिरुद्ध जो श्रीकृष्ण के पोते थे उनका अपहरण करती हैं। रामायण में, राम के मना करने के बावजूद सीता उनके साथ जंगल में जाने की ज़िद करती हैं। यह इंगित करता है कि मनुस्मृति कभी भी 'सर्वोच्च' संहिता नहीं थी जैसा कि माना जाता है। हिन्दू वर्णनों में स्त्रियों ने कई सन्दर्भों में उदारवादी स्त्रीवाद का प्रतिनिधित्व किया है। हालाँकि, समानतावादी फ़ेमिनिज़म के विपरीत, पार्वती, सती, लक्ष्मी, गंगा, उषा या सीता कभी ये नहीं कहतीं कि वो पुरुषों द्वारा प्रताड़ित हैं। हिन्दू धर्म में कोई उत्पीड़ित नहीं होता।

हाँ, हिन्दुओं में उच्च जातियों में विधवा पुनर्विवाह नहीं करतीं, पर रामायण में वानर रानी तारा सुग्रीव से पुनर्विवाह करती हैं और राक्षस रानी मन्दोदरी विभीषण से। इन कहानियों को हम इसलिए उजागर नहीं करते क्योंकि ये निम्न प्रथा जातियों में प्रचलित प्रथा थी। वेदों में सती और जौहर का कोई उल्लेख नहीं मिलता जैसा कि बॉलीवुड और राजपूत समुदायों में बढ़ा-चढ़ाकर दिखाया जाता है। ये प्रथाएँ सम्भवत: मध्यकाल में प्रचलित हुईं। ये पितृसत्तात्मक समाज का एक वैश्विक चलन था। साथ-साथ, भारत के बहुत से समुदायों में औरतों को कई पति, प्रेमी रखने की अनुमति थी और औरतों को उत्तराधिकार भी प्राप्त था। पर हम इनके बारे में बात नहीं करते क्योंकि इनका ताल्लुक़ निम्न वर्ग से था। हमें इस बात का ध्यान रखना चाहिए कि हिन्दू रीतियाँ सिर्फ़ उच्च वर्ग तक सीमित नहीं हैं। हमें इनका बृहद् स्वरूप देखना होगा जिसमें विविध रीतियाँ हैं। अलग-अलग समुदायों में, अलग-अलग समय में स्त्रियों का अलग-अलग कर्तृत्व रहा है।

दुनिया को प्रताड़ना के नज़रिये से देखने की जड़ें ग्रीक माइथोलॉजी में हैं, जहाँ नायक, भगवान जो मानव का भाग्य नियन्त्रित

करते हैं, की सनक को चुनौती देता है। कई बार विरोध की इस प्रक्रिया में वह शहीद भी हो जाता है। अत्याचार का महिमामण्डन अब्राहमी माइथोलॉजी से आता है जहाँ मिस्र के ग़ुलामों को दुष्ट फेरो से पैगम्बर बचायेंगे, या पैगम्बर के दामाद अली की मृत्यु का शोक मनाने को हमेशा कहा जाता है। हिन्दू धर्म में इसके विपरीत, वो खलनायक चाहे रावण हो (जो सीता की स्वीकृति की परवाह नहीं करता है) या फिर दुर्योधन (जो द्रौपदी के साथ सरेआम दुर्व्यवहार करता है), उन्हें दुष्ट नहीं बल्कि नादान, असुरक्षित और आस्थाहीन की तरह देखा जाता है। एक बिल्कुल अलग परिप्रेक्ष्य में, जिसमें सतत खिंचाव है, तिरस्कार नहीं।

किसी भी मनुष्य को माध्यम न समझना, चाहे स्त्री हो या पुरुष, अहम् को पोषित करने की तरह है। पुरुष शरीर को स्त्री शरीर से ज़्यादा महत्त्व देने का अर्थ बाहरी देह को आन्तरिक देही से ज़्यादा महत्त्व देने की तरह है। ये असुरक्षा, अज्ञानता की सूचक है जो हमें शासन करने और क़ाबू करने को प्रेरित करती हैं। एक बुद्धिमान पुरुष या स्त्री देही को देह से ज़्यादा महत्त्व देगा और वह दोनों को महत्त्व देगा न कि सिर्फ़ पुरुष को, ताकि देही, देह के साथ जीवन का भरपूर अनुभव कर सके। ऐसे स्त्री या पुरुष को स्त्रीवादी कहेंगे। ही या शी, पितृसत्तात्मक बिल्कुल नहीं होंगे।

इसलिए हम बेखटके कह सकते हैं कि ऊपरी तौर पर भले हिन्दू धर्म पितृसत्तात्मक लगे पर स्त्रीवादी होने के लिए इसके भीतर पर्याप्त ईंधन है।

8

योगिनी, महिला योगी है या फिर असभ्य, कामोत्तेजक मायाविनी?

इसका जवाब 'योगी', 'जंगली', 'कामोत्तेजक', और 'मायाविनी' शब्दों को सुनकर आपके अन्दर पैदा होने वाली भावनाओं पर निर्भर करता है। क्या आपके अन्दर, 'जंगली', 'कामोत्तेजक', और 'मायाविनी' जैसे शब्दों से विद्रोह पैदा होता है या आप उनसे आकर्षित होते हैं? क्या संन्यासी शब्द आपके अन्दर सम भाव प्रेरित करता है जो सबसे मुक्त होने के भाव का परिणाम है? या फिर ये आपके अन्दर धर्मपरायण, नैतिकवादी भावनाओं को जगाता है जो यौन और वासना के प्रति घृणा भाव से सम्बन्धित हैं?

कुछ हिन्दू (दुर्भाग्य से) जो नैतिकवादी हैं वो यौन सम्बन्धी किसी भी विषय से शर्मिन्दा होते हैं। ये विक्टोरिया की सन्तानें हैं जो अभी भी उन्नीसवीं शताब्दी में अटकी हुई हैं, जो ये विश्वास दिलाने का कठिन प्रयास कर रहे हैं कि वे कायर, विलासिता प्रेमी, आसक्त हिन्दू नहीं हैं बल्कि वे मातृभक्त सुपुत्र हैं जो औरतों को उन नज़रों से नहीं देखते। वे अपने प्रतिबन्धों के चलते अपनी इच्छाओं के प्रति शर्मिन्दा होते हैं और औरतों को स्वायत्त लैंगिक प्राणी की तरह नहीं

देखते। उनके लिए औरत सिर्फ़ माँ या बहन है। इसलिए वे हिन्दू धर्म के तान्त्रिक सन्दर्भ को नहीं मानते, जहाँ दैवी स्त्रीत्व केन्द्र में है, और ये हिन्दू धर्म को मध्य अमेरिकी ईसाई धर्म या मध्य पूर्वी इस्लामी रूढ़िवादी समूह की छलनी (फिल्टर) से समझाने की कोशिश करते हैं जहाँ कामुकता अपराध है (इसलिए कामोत्तेजना पाप है), और स्त्रियाँ शैतान के हाथों की कठपुतलियाँ हैं (उन्हें आवारा बनने से पहले क़ाबू में करना चाहिए)।

बाक़ियों के लिए, जो दैवी स्त्रीत्व से सहज हैं, उनके लिए योगिनी, ज्ञान हेतु तान्त्रिक मार्ग का द्वार प्रशस्त करती हैं, मीमांसिका के अनुसार रीतियों द्वारा नहीं, या वेदान्त के शीर्ष की तरह नहीं, या भक्ति की तरह हृदय द्वारा नहीं बल्कि शरीर द्वारा, संवेदनाओं के ज्वार से, आनन्द, दर्द और भय से वो ज्ञान उत्पन्न होता है। अगर मन्त्र, मन से सम्बन्धित है, तो तन्त्र तन से। अपनी गोपनीय प्रकृति की वजह से तन्त्र हमेशा मुख्यधारा से कन्नी काटता है और अपने विचारों को कोड/संकेतों के ज़रिये प्रदर्शित करता है (क़रीब चौदह सौ वर्ष पूर्व प्रथम तान्त्रिक सूत्र उभरा, जबकि तान्त्रिक परम्परा काफ़ी पुरानी है), ये गुरु से शिष्य को मौखिक रूप से दी जाती है।

पर पहले, मायाविनी शब्द को लेते हैं।

मायाविनी एक अनादरपूर्ण शब्द है जिसे बोलचाल की हिन्दी में 'डायन' कहते हैं। दोनों ही शब्द स्त्री से सम्बन्धित हैं (हालाँकि मायावी पुरुष भी होते हैं)-जादूगर, जादूगरनी जो अपने जादू-टोने से तमाम परेशानियाँ खड़ी करते हैं जैसे—बच्चों में बीमारी, गर्भपात, महामारी, बाँझपन, नपुंसकता। लोग ऐसी औरतों को जानने से डरते ज़रूर हैं पर इन्हें अपने शत्रुओं के ख़िलाफ़ इस्तेमाल भी करते है। मायाविनी शब्द की जड़ें विधर्मी (ईसाई धर्म से पहले) परम्पराओं में हैं, और शायद उन चिकित्सक महिलाओं से सम्बद्ध हैं जो जड़ी-बूटियों के उपचार और नुक़सान दोनों तरह के इस्तेमाल से वाक़िफ़

थीं। ये महिलाएँ जंगल को देवी मानतीं और उसके रहस्यमयी चक्रों में घिरी रहतीं। वे समाज की मुख्यधारा से अलग, अकेले रहना पसन्द करतीं, पुरुषों के साथ घनिष्ठता सिर्फ़ प्रेमी, मित्र या सहायक की तरह करतीं, विवाह की संस्था और उसके साथ जुड़े प्रतिबन्धों को पूरी तरह अस्वीकार करती थीं। मुख्यधारा से जुड़े लोग इनसे डरते भी थे और साथ-साथ इनका आदर-सम्मान भी करते।

'डायन' शब्द शायद 'डाकिनी' या 'दनकुनि' जैसे शब्दों से बना है जिनका प्रयोग हिन्दू और तान्त्रिक बौद्ध लोक परम्पराओं में हुआ, यह जंगल की देवी को दर्शाता है जो जंगल से सम्बन्धित है, वह देवी जो कामुक और हिंसक है, जो घरेलू, शान्त और सौम्य देवियों के विपरीत है। ईसाई धर्म के उदय के साथ इन महिलाओं का वध हुआ। ग्रामीण भारत में आज भी जादू-टोना से आरोपित महिलाओं की नृशंस हत्या की कहानी सुनना असामान्य नहीं है। इस्लामी समुदायों में इन औरतों को भयंकर जिन्नों के साथ जोड़ा जाता था। विक्टोरियन यूरोप में सुक्कुबी जो पुरुषों को मोहित कर उनका पौरुष छीन लेती थी, उसकी भी कहानियाँ हैं। यक्षिणियों की ऐसी ही कहानियाँ केरल में सुनायी जाती हैं। क्या यक्षिणी सिर्फ़, योगिनी का दूसरा नाम था?

हम सिर्फ़ अटकलें ही लगा सकते हैं।

योगिनी, योगी से बहुत अलग होती हैं। योगी प्रकृति और संस्कृति से दूर भागता है, योगिनी प्रकृति का उत्सव मनाती हैं। इसका बौद्ध, हिन्दू और नाथ परम्परा में स्पष्ट उल्लेख मिलता है।

बौद्ध कथाओं में कई देवियों जैसे वज्र योगिनी का उल्लेख है, जो तान्त्रिक बौद्ध धर्म से सम्बन्धित है और जिन्हें एक शक्तिशाली, पाश्विक और उग्र, कामुक और हिंसक देवी के स्वरूप में देखा जाता है। वो शवों के ऊपर एक हाथ में चाकू और दूसरे में रक्त से भरा प्याला लेकर नाचती है और कई बार उन पर बैठकर बोधिसत्व

के साथ सहवास करती है। इन तस्वीरों को यब-यम, या तिब्बती बौद्ध धर्म में माता-पिता के रूप में जानते हैं। क्या इन्हें अक्षरश: लेना चाहिए? क्या ये स्त्रियोचित करुणा और पुरुषोचित विवेक के प्रारम्भिक मिलन के अलंकार हैं? क्या ये गोपनीय तान्त्रिक विधियों के चित्र हैं जिनका उद्देश्य पुरुष में विपरीत रूप से शुक्राणु का रीढ़ की हड्डी से प्रवाह कराना है? हम सिर्फ़ अटकलें ही लगा सकते हैं। पर इन विधियों में कुछ तान्त्रिकशालाओं का गहरा विश्वास है। अगर इन चित्रों से हिन्दू धर्म की देवी काली का भान होता है, तो वो आश्चर्यजनक नहीं है, तान्त्रिक बौद्ध धर्म और हिन्दू शिव शक्ति परम्पराओं में काफ़ी समानताएँ हैं।

हिन्दुओं ने चौंसठ योगिनियों के लिए कुल मिलाकर चार मन्दिर बनाये हैं, जिसमें दो उड़ीसा के हीरापुर और रानीपुर-झरियल में और दो मध्य प्रदेश के खजुराहो और बेड़ाघाट में हैं। ये मन्दिर अद्वितीय हैं क्योंकि ये गोलाकार और खुली छत वाले हैं और चौंसठ योगिनियों की प्रतिमाएँ इनके भीतरी परिसर में हैं। हीरापुर में इन्हें विभिन्न वाहनों पर सवार दिखाया गया है। रानीपुर-झरियल में ये नृत्य मुद्रा में हैं। बेड़ाघाट में ये बैठी हुई हैं। इनके नाम विभिन्न प्रकार की महिलाओं को अभिव्यक्त करते हैं : जैसे पुरुष देवताओं के स्त्री स्वरूप (ऐन्द्री, वाराही, वैष्णवी) तो स्वतन्त्र देवियाँ (काली, छिन्नमस्तिका), दयालु देवी (लक्ष्मी) और अहितकारी देवी (बिरूपा)य इनमें कुछ युवतियाँ, कुछ वृद्ध, कुछ वांछनीय हैं और बाक़ी बीभत्स। स्त्रीत्व का सम्पूर्ण दायरा शोभनीय है, सिर्फ़ वही नहीं जिसे संस्कृति के लिए उपयुक्त ठहराया जाये। इस परम्परा को आज के युग में परे धकेल सिर्फ़ ब्रह्मचारी पुरुष संन्यासियों को प्रधानता दी जाती है जो सभी स्त्रियोचित विषयों को अस्वीकृत करते हैं।

नाथ परम्परा में, योगिनियाँ शक्तिशाली महिलाएँ थीं जिनमें जादुई शक्तियाँ होती थीं, अधिकतर निम्न वर्ग से सम्बन्धित होतीं,

जो धोबन, कुम्हारिन, बुनकर और श्मशान परिचायिकाएँ होतीं। ये ब्रह्मचारी साधु जिनके पास योगिक शक्तियाँ होती हैं जो सिद्ध होकर हासिल की जाती हैं, के विरोध में रहती हैं। इसलिए, ऐसी कहानियाँ मिलती हैं जिसमें गोरखनाथ अपने गुरु, मत्स्येन्द्रनाथ को किस तरह से उस औरत के चंगुल से छुड़ाते हैं जिसने उन्हें सम्मोहित कर संन्यास छोड़ देने के लिए उकसाया था। फिर जलेन्द्रनाथ और योगिनी के बीच संघर्ष की कहानी भी है जिसमें योगिनी ने जलेन्द्रनाथ के शिष्यों को गधा बना दिया था। काफ़ी कुछ ग्रीक माइथोलॉजी की सैसी की तरह। क्या ये सच्ची कहानियाँ हैं? या उस संस्कृति की हवाई कल्पनाएँ, जो उन स्त्रियों से असहज हैं जो पुरुषों के अधीन होना अस्वीकार करती हैं? या फिर वो धार्मिक कहानियाँ जो पुरुष संन्यासी और महिला कामुकता के बीच तनाव को दर्शाती हैं? हम सिर्फ़ अन्दाज़ा लगा सकते हैं।

कुछ हिन्दू इन कहानियों के होने का विरोध करते हैं। वे यह भी दावा करते हैं कि यह शुद्ध हिन्दू धर्म का हिस्सा नहीं है। वे तब और क्रुद्ध होते हैं जब कोई महिला शिक्षाविद् (बदमाशी से, या फिर असली शोध की गरज से) इन कहानियों की तरफ़ इशारा करती है और नैतिकवादियों को नीचा दिखाती है। यह वही पुरुष क्रोध है जो इंटरनेट पर सशक्त, आक्रामक, हठी महिलाओं के ख़िलाफ़ देखा जाता है। योगिनियों की उपस्थिति ये बताती है कि हिन्दू धर्म कितना विस्तृत और विविध है और सिर्फ़ नैतिकवादी ब्राह्मण पुरुषों की जागीर नहीं।

9

मृत्यु और आत्महत्या पर हिन्दू धर्म में क्या विचार हैं?

सम्पूर्ण विश्व को इस विषय पर दो वैचारिक गुटों में बाँटा जा सकता है कि मृत्यु के बाद क्या होता है। एक वह जो एक जन्म में विश्वास करते हैं और दूसरा वह जो कई जन्मों में विश्वास रखते हैं। हिन्दू धर्म दूसरे गुट में विश्वास रखता है।

जो एक ही जन्म में विश्वास करते हैं उन्हें आगे इस तरह वर्गीकृत कर सकते हैं, वे जिनके लिए मृत्यु अन्त है, उसके बाद कुछ भी नहीं है; जो ऐसा मानते हैं कि मृत्यु के बाद आप मृतकों के देश में जाते हैं और वहाँ हमेशा रहते हैं; और फिर वो जिनका मानना है कि मृत्यु के बाद या तो आप स्वर्ग में जाते हैं जहाँ आप अनन्त काल तक सुख भोगते हैं, या फिर आप नरक में जाते हैं जहाँ आप अनन्त काल तक दु:ख भोगते हैं (या फिर तब तक जब तक आप प्रायश्चित्त नहीं कर लेते और दूसरों के साथ स्वर्ग में जाने के लिए तैयार नहीं हो जाते)।

तर्कशील लोग जो ऐसा मानते हैं कि मृत्यु अन्त है वो इसी ज़िन्दगी में सभी समस्याओं का निपटारा करना चाहते हैं—एक

इकलौती ज़िन्दगी में। प्राचीन मिस्रवासियों ने पिरामिडों का निर्माण किया क्योंकि वे मृत्योपरान्त अनन्त जीवन में विश्वास करते थे। प्राचीन चीनियों ने, बौद्ध धर्म से पहले पुनर्जन्म के विचार, और पूर्वजों के देश जहाँ मृत्यु के बाद सब जाते हैं उससे परिचय करवाया। आज भी, वे परम्पराएँ हैं जहाँ पूर्वजों को मृतकों के देश में, जहाँ से कोई वापस नहीं आता, वहाँ ख़र्च करने के लिए काग़ज़ी नोट चढ़ाये जाते हैं। ईसाई और मुसलमान स्वर्ग और नरक में विश्वास करते हैं, जहाँ ईश्वर के नियमों के पालन या अवमानना के अनुसार हम पहुँचते हैं।

जो पुनर्जन्म में यक़ीन रखते हैं उनका मानना है कि आप बार-बार पितृलोक से भूलोक पर आते हैं जब तक आपको परम ज्ञान की प्राप्ति नहीं हो जाये और आपकी शरीर धारण करने की इच्छा न हो। इसमें कुछ विरोधाभास है, आपको नरकलोक में आपके पापों की सज़ा तब तक मिलती है जब तक आप पुनर्जन्म के लिए तैयार न हो जायें और आप तब तक स्वर्गलोक का आनन्द लेते हैं जब तक पृथ्वी पर दोबारा जाने का समय न आ जाये।

हालाँकि पुनर्जन्म और पुनर्मृत्यु अवश्यम्भावी हैं, पर हिन्दू अमृत के विचार में भी विश्वास करते हैं। आकाश में रहने वाले देवता और पाताललोक में रहने वाले राक्षस अमृत के लिए लड़ते हैं साथ-साथ गरुड़ और नाग भी। असुरों के पास संजीवनी विद्या है जिससे वो मृतकों को पुनर्जीवित करते हैं। जयन्त ने इसका प्रयोग कर शुक्र को जीवित किया था। महाभारत में सर्पों के पास नागमणि होती है जिससे मृत को जीवनदान दिया जा सकता है, इसी का प्रयोग कर अर्जुन को पुनर्जीवित किया गया था जब उसे बभ्रुवाहन ने मार दिया था।

ऐतिहासिक रूप से वेदों में, पुनर्जन्म की स्पष्ट व्याख्या नहीं है। केवल इस बात का उल्लेख है कि हमारा शरीर मरने के बाद प्रकृति में कैसे वापस जाता है, जैसे प्रारम्भिक पुरुष-उसकी आँखें सूर्य बन जाती हैं और श्वास वायु। जो मृत्यु से परे है उसका उल्लेख मिलता है

: आत्मन, जीव, मानस, प्राण। पूर्वजों के ख़ुशहाल देश का ज़िक्र है और स्वर्ग का और तीनों स्वर्गों के नीचे नरक का। पूर्वजों को भोजन कराने की भी बात होती है। पर पुनर्जन्म का विचार जैसा आज हम जानते हैं वह वेदों में नहीं मिलता।

पुनर्जन्म का विचार उपनिषदों में उभरता है और पुराणों में इसका पूर्ण विवरण मिलता है। वैदिक गृहस्थों के विश्वास के अनुसार यज्ञ करने और सांसारिक नियमों का पालन करने से हम स्वर्ग जाते हैं, वैदिक साधु नश्वरता और कर्म सिद्धान्त की बात करते हैं, आत्मा साथ ही, जीवात्मा के परमात्मा से मिलन की ध्यान, तपस्या और कई सामाजिक, मानसिक और शारीरिक अभ्यासों (योग) द्वारा।

हम यहाँ देखते हैं कि दो विकल्प एकीकृत हो रहे हैं : इस दुनिया में अलग स्वरूप में वापसी या फिर दूसरी दुनिया में पलायन। इसलिए हिन्दू रीतियाँ अग्नि (मुक्ति के लिए) और जल (पुनर्जन्म के लिए) का संयोजन हैं। कुछ समुदायों में दफ़न भी किया जाता है। कुछ समुदायों में पूर्वजों को श्राद्ध के समय भोजन कराया जाता है ताकि उनका पुनर्जन्म हो सके। यह विधि अन्न और अन्नकोष के सम्बन्ध पर केन्द्रित होती है, और किस तरह पितृ जीवितों के देश वापस लौटना चाहते हैं शरीर धारण कर, ताकि भोजन कर सकें और मुक्ति के लिए भी प्रयत्नशील हों।

फिर स्वेच्छा से समाधि लेने का भी विचार है जो तार्किकों के अनुसार अपनी सांसारिक ज़िम्मेदारियों को निभाने के पश्चात अपने जीवन का स्वयं समापन करना है। उदाहरण के लिए, रामायण में राम अपने बच्चों को राज्य सौंपकर सरयू नदी में समाहित हो जाते हैं। उसी तरह, पाण्डव नयी पीढ़ी को राजपाट सौंप हिमालय पर चले जाते हैं। कुछ यह तर्क करते हैं कि यह रीति, सांसारिकता निभाने के बाद स्वेच्छा से आत्महत्या करने जैसी है।

चूँकि आत्महत्या ईसाई धर्म में पाप है, इसलिए अपनी साम्राज्यवादी विरासत को सहेजे हुए भारत में, आत्महत्या ग़ैर-क़ानूनी और दण्डनीय है—अभी हाल ही में क़ानून थोड़ा सहानुभूतिपूर्ण हुआ है। भारतीयों का हमेशा से मृत्यु के साथ एक परिपक्व सम्बन्ध रहा है। अपने सांसारिक उत्तरदायित्वों के निर्वहन के पश्चात परिवार की आज्ञा से शरीर का त्याग करना सर्वथा उचित है। आज यह भले विवादास्पद हो, पर पुराणों में यह एक सामान्य विचार है। संन्यास आश्रम का सन्दर्भ इसी से आता है जो जीवन का अन्तिम पड़ाव है, जब आप सांसारिक मोह बन्धन त्याग कर परमात्मा में ध्यान लगाते हैं।

10

हिन्दू धर्म का बोध/ज्ञान के बारे में क्या कहना है?

सबसे पहले, बोध क्या है? यह वो प्रक्रिया है जिससे हमें संसार के बारे में संज्ञान होता है :

महसूस करने की, देखने की क्रिया, जिससे हमारे अन्दर बाहरी दुनिया के बारे में कई विचार और भावनाएँ उत्पन्न होती हैं। बोध के लिए हिन्दू, बौद्ध और जैन धर्मग्रन्थों में अलग-अलग शब्दों का प्रयोग होता है जैसे— चित्त, प्राण, जीव और आत्मा जिन्हें अदल-बदल कर प्रयोग करते हैं। इन शब्दों के प्रति भारतीय विचार में एक तरह का जुनून है। यह भारतीय दर्शन का एक ख़ास लक्षण है। इसके केन्द्र में निरीक्षक और जो निरीक्षित हो रहा है, वो रहते हैं, जो देख रहा है और जिसे देखा जा रहा है, चित्त और विषय, देही और देह।

संज्ञानात्मक विज्ञान पूरी दुनिया के विश्वविद्यालयों में आधुनिक विज्ञान के अध्ययन के क्षेत्र के रूप में तेज़ी से उभर रहा है। लेकिन हमेशा ऐसा नहीं होता। विज्ञान की शुरुआत में चित्त, विषय की तरह महत्त्वपूर्ण नहीं था। असल में, उन्नीसवीं शताब्दी में समाज जिन विचारों पर आधारित था, वे थे, वस्तुनिष्ठ या व्यक्तिनिष्ठ,

इसलिए उसमें निरीक्षण का बहुत कम महत्त्व था। यहाँ तक कि निरीक्षण को ग़लत शब्द माना जाता था। विज्ञान संवेदनाओं और व्यक्तिनिष्ठता को हीन समझता था। लेकिन वर्तमान समय में ज़्यादा लोगों ने निरीक्षण, संवेदना और व्यक्तिनिष्ठता को सृजनात्मक और सांस्कृतिक प्रक्रिया में अधिक महत्त्व देना शुरू कर दिया है। इसलिए यान्त्रिक मानसिकता धीरे-धीरे कलात्मक मानसिकता से विस्थापित हो रही है, जो सृजनात्मक व्यक्तिनिष्ठता को मानती है। इसलिए संज्ञानात्मक विज्ञान पर ज़्यादा ध्यान दिया जा रहा है, ताकि हम अपने आसपास की दुनिया के बारे में जानकार बन सकें। इसके लिए व्यवस्थित अध्ययन हो रहा है। इसने कई वैज्ञानिकों को प्राचीन भारतीय विचार की प्रशंसा करने के लिए प्रेरित किया है।

हिन्दू, बौद्ध और जैन धर्म में संज्ञान को बहुत महत्त्व दिया गया है, उसी तरह यहूदी, ईसाई और इस्लाम में धर्मादेश को। इसे इन दो के बीच मूलभूत अन्तर के रूप में भी देखा जा सकता है। पहला, इस बारे में बात करता है कि किस तरह हम दुनिया देखते हैं और कैसे दुनिया के प्रति अपने नज़रिये को हम बदल सकते हैं; दूसरा, हमें दुनिया में व्यवहार कैसे करना चाहिए उसकी बात करता है। 'आध्यात्मिकता' शब्द जो स्वयं की खोज के बारे में है पहले पहलू की तरफ़ झुका हुआ है और 'धर्म' जो सामाजिक यान्त्रिकी से जुड़ा है वह दूसरे पहलू की तरफ़ झुका है।

यूरोपीय, अमेरिकी और वामपन्थी शिक्षाविदों ने हिन्दू धर्म को 'धर्मादेश' की तरह विकृत करने का काफ़ी प्रयास किया—वेदों, गीता, मनुस्मृति में उल्लिखित धर्मादेशों की वजह से जाति व्यवस्था आयी। इसलिए उनकी सोच है कि नये धर्मादेशों, जैसे आरक्षण नीति के कारण जाति व्यवस्था का नाश हो जायेगा, जबकि इसके विपरीत, वे जाति व्यवस्था और भी ज़्यादा मज़बूत करती हैं।

कट्टर दक्षिणपन्थी (जो ज़्यादातर उच्च जाति के पुरुष हैं) जो

उनका विरोध करते हैं, वे नये धर्मादेश चाहते हैं जिसकी वजह से वे मज़बूत स्थिति में रहें। यह विडम्बनापूर्ण है कि ऐसा करने से ढाँचागत तौर पर हिन्दू धर्म पाश्चात्य सोच की तरफ़ ज़्यादा झुके हुए हैं, जो संज्ञान से ज़्यादा निरीक्षण के बारे में है।

प्राचीन भारतीय प्रकृति और संस्कृति के बीच अन्तर करते हैं। प्रकृति और संस्कृति दोनों ही हमारे चारों तरफ़ आकार और आकृति के आयाम हैं। प्रकृति का स्वरूप अपने आप रचा हुआ है और संस्कृति के स्वरूप में मानवीय हस्तक्षेप है, इसमें देही की उपस्थिति है। सांस्कृतिक शिष्टता की सीमा मानवीय जागरूकता की सूचक है। शिष्टता कई संस्कारों जैसे परवरिश, पढ़ाई, विवाह, सामाजिक ज़िम्मेदारियाँ और अन्त्येष्टि संस्कारों के निर्वहन के बाद हासिल होती है और जो हमें पशुओं से अलग करती है। 'संस्कार' शब्द मानवीय इच्छा, जो जन्म और मृत्यु के प्राकृतिक संस्कार को एक आकार देना चाहती है, उसका परिचायक है।

ऋग्वेद हमारा परिचय मन से (ब्राह-मन); सामवेद गृहस्थी की प्रक्रिया से क्योंकि ये अरण्य (जंगल) और ग्राम में अन्तर करता है; यजुर्वेद सम्बन्धों से क्योंकि वह यज्ञ पर केन्द्रित है, रीतियों की इस अदला-बदली में स्वाहा से ईश्वर को अर्पण किया जाता है और तथास्तु द्वारा ईश्वर से फल प्राप्ति की कामना की जाती है। यूरोपीय इस विनिमय को त्याग की तरह देखते थे, जिसकी वजह से इस संस्कार को पिछले दो सौ सालों से ग़लत समझा जाता रहा। कोई भी अर्थशास्त्री बता देगा कि विनिमय एक अच्छे समाज की रचना करता है जो परस्पर आदान-प्रदान पर आधारित होता है; जबकि त्याग, शोषण की तरफ़ ले जाता है।

अथर्ववेद में रोज़मर्रा की ज़िन्दगी और आचार संहिता के बारे में लिखा है और जादू-टोने का भी उल्लेख मिलता है जिससे दुर्भाग्य दूर किया जा सकता है। पाँचवाँ वेद नाट्यशास्त्र है जिसमें कहानियाँ,

गीत, कला और प्रस्तुतियों की बात होती है, उस रस और भाव की जिसकी वजह से हम पूरी तरह सुसंस्कृत बनते हैं।

एक परिष्कृत भाषा संस्कृत मानव की विस्तृत सोच (ब्राह-मन) का प्रतीक थी। यह उनसे विपरीत थी जो अपनी प्रारम्भिक अवस्था में थे और बाज़ार में प्रचलित प्राकृत भाषा बोलते थे। इसलिए राम आश्चर्य से भर गये जब उन्होंने वनवासी हनुमान को शुद्ध संस्कृत बोलते हुए सुना। लेकिन, इसका विपरीत सत्य नहीं है। रामायण ने चेताया कि सिर्फ़ भाषा ही शिष्टता की सूचक नहीं है; रावण शुद्ध संस्कृत बोलता था और वेदों का प्रकाण्ड विद्वान (वेद-आचार्य) था, पर उसने असभ्य की तरह किसी और की पत्नी का अपहरण किया और अपनी इच्छाओं को एक औरत की मर्ज़ी से ज़्यादा महत्त्व दिया।

शिष्टता के लिए प्रयुक्त शब्द, संस्कृति (अक्सर जिसे समस्कृति बोला जाता है) दो शब्दों का सम्मिश्रण है : 'सम' और 'आकृति'। सम, संगीतमय सम के बारे में बताता है, संगीत के चक्र की शुरुआत और अन्त, पहले सुर पर वापसी, और ये भी बताता है कि संशोधन काफ़ी हद तक चक्रीय सोच से सम्बन्धित है। इन ध्वनियों को शब्दों जैसे सम-चित्त, सम-वाद, सम-आधि में देखा जा सकता है। शिष्टता, घबराहट की स्थिति, जिसकी वजह से हममें अहम् होता है, को संयत करता है और हमें आत्मविश्वास के उस चरण पर लाता है जिसकी वजह से हम बिना किसी शर्त के उदार (आत्मा) बनते हैं। अहम् की स्थिति में हम पशुओं के समान होते हैं, जो अपनी सीमा में दूसरे पर प्रभुत्व स्थापित करना चाहता है। आत्मा की अवस्था में हम पाश्विक प्रवृत्तियों से ऊपर उठने की कोशिश करते हैं : हम छीनने की बजाय देते हैं; हम प्राप्त करने की बजाय ग्रहण करते हैं; हम जीवन की नश्वरता और संसार की अनन्तता का सम्मान करते हैं।

शुद्धि का अर्थ बाहरी दुनिया की विषयगत अशुद्धियों को हटाना नहीं, मन की अशुद्धियों को हटाना है। अशुद्ध, संकुचित मन बाहर

शुद्धि ढूँढ़ता है, इसलिए वे छुआछूत को मानते हैं और मासिक धर्म को गन्दा समझते हैं। शुद्ध, संयत, विस्तृत, शिष्ट मन सभी तरफ़ शुद्धि देखते हैं, इसलिए वे ब्राह्मण को शूद्र से श्रेष्ठ नहीं मानते, या पुरुषों को महिलाओं से, या इतर लैंगिकों को समलैंगिकों से या फिर सामान्य लिंग को ट्रांसजेंडर या विपरीत लिंग से। जो सीमित वास्तविकता (मिथ्या) से असीमित वास्तविकता (सत्य) की तरफ़ बढ़ता है वह जीवित (जीव-मुक्त) होकर भी मुक्त है।

प्राचीन वैदिक ग्रन्थों में आत्मा, चित्त, इन्द्रिय और जीव को अदल-बदल कर प्रयोग किया जाता है। आज भी वास्तविक अर्थ भ्रान्तिजनक ही है। पर हर प्रकार की मीमांसा या चिन्तन-मनन जीवन और जीव को समझने से शुरू होता है, अजैव (अजीव, अचित्त) को जैव (जीव, चित्त) से क्या अलग करता है, मूलभूत को जीव से जो गतिशील हैं, जैसे पशु (चर) और अन्य जीव स्वरूप जो स्थिर हैं, जैसे पौधे जो अचर हैं। वैदिक पंच-यज्ञ हमें अस्तित्व के सभी स्वरूपों से भिज्ञ कराता है : मूलभूत, जीवित (अचल, गतिशील) और मृत से भी। हमें अपने (जीवात्मा), दूसरे (पर-आत्मा) और परमात्मा के प्रति जागरूक कराया जाता है।

भूख, सजीव को निर्जीव से अलग करती है। जीव भोजन की तलाश करते हैं इसलिए उन्हें ज्ञानेन्द्रियों और कर्मेन्द्रियों की आवश्यकता होती है। भय पौधों की बजाय पशुओं में ज़्यादा होता है क्योंकि शिकार, शिकारी द्वारा भक्षित होने से बचना चाहता है। ना तो वृक्ष (अचर) और ना ही पशु (चर) बलि चढ़ना चाहते हैं। फिर भी दोनों भोजन (भोग) की कामना करते हैं। इसलिए जैसाकि भागवत पुराण में लिखा है, 'जीवो जीवत्स्य जीवनम्' यानी एक जीव दूसरे जीव पर पोषित होता है। यही चक्र जंगल का क़ानून (मत्स्य न्याय) बनाता है—जहाँ शक्तिशाली कमज़ोर का भक्षण करते हैं। भूख और भय सजीव को निर्जीव से अलग करते हैं। भूख और भय पशु और

पौधों का प्रकृति में राज्य स्थापित करते हैं। वे झुण्ड, छत्ता, खाद्य-श्रृंखला और बलाधिक्रमण का निर्माण करते हैं। इसलिए ऋषि प्रकृति की विविधता और संज्ञानात्मक नीतियों का आदर करते हैं। इसी प्रकृति को जब पालतू बनाया जाता है और नियन्त्रित और बेहतर बनाया जाता है तो संस्कृति की रचना होती है।

संस्कृति अग्नि (यज्ञ-स्थल) को नियन्त्रित रखने, जल को कुण्ड और कुम्भ का प्रयोग कर सन्तुलित रखने, पौधों (क्षेत्र), पशु (वाहन) और मनुष्यों (धर्म) को सन्तुलित रखने के बारे में है ताकि वे जंगल के क़ानून का बहिष्कार करें, और अपनी शक्ति का प्रयोग निर्बल की रक्षा हेतु करें, तथा धन का प्रयोग भूखों को भोजन कराने में। केवल तभी, जब हमारे पास ज़्यादा साधन होते हैं, जब हमारा पेट भरा होता है और हम सुरक्षित होते हैं, हम अपनी दूसरी इन्द्रियों को गीत, संगीत, नृत्य और मनोरंजन से पोषित करने की चेष्टा करते हैं। उनके द्वारा जीवन के गूढ़ रहस्यों के अर्थ ढूँढ़ने की कोशिश करते हैं।

रस और भाव के बारे में सारी चर्चा, और इन्द्रियाँ जहाँ संवेदनाएँ अंकित होती हैं, चित्त जहाँ भावनाओं की मथनी होती है, हमें शरीर तक ले जाती हैं। पारम्परिक तौर पर भारतीय शरीर को श्रृंखला या परतों या वृतों (कोष) जैसे अन्न-कोष, प्राण-कोष, इन्द्रिय-कोष, चित्त-कोष, बुद्धि-कोष की तरह देखते थे। शरीर को एककेन्द्रीय आयाम की श्रृंखला की तरह देखा जाना उसे योग की विभिन्न गतिविधियाँ जो मन (चित्त-वृत्ति-निरोध) को संयत करती हैं, का ख़ाका बनवाती हैं।

यहाँ शरीर को स्थूल और सूक्ष्म शरीर की तरह देखा जाता है और संसार की एक बाहरी कार्मिक परत (कारण शरीर) हमारे चारों तरफ़ रहती है, जो ढेरों विषयों और सम्बन्धों, कुछ जिन्हें हम अपना (मेरा) और कुछ जिन्हें हम अपना नहीं कहते (मेरा नहीं; तुम्हारा, उसका, इसका, उनका) से भरी होती है। गहराई में और दूर तक, आत्मा है, जो निराकार और निर्गुण है जिसे अंग्रेज़ी में हम स्प्रिट

(spirit) और सोल (soul) कहते हैं, शायद पिछले एक हज़ार सालों में इस्लाम और ईसाई धर्म के बढ़ते प्रभाव के चलते हम इसे ईश्वर के तौर पर भी देखते हैं।

योग का आठ-सूत्रीय मार्ग बाहर से भीतर की एक व्यवस्थित यात्रा थी, सामाजिक शरीर से भौतिक शरीर द्वारा मानसिक शरीर में जैसा कि योग के चरणों में उद्घाटित होता है, जैसे, यम (सम्बन्ध अनुशासन), नियम (स्वयं पर अनुशासन), आसन, प्राणायाम (श्वास अभ्यास), प्रत्याहार (इन्द्रिय अनुशासन), धारणा (मन का विस्तार परिप्रेक्ष्य विकसित करने के लिए), ध्यान (मन पर नियन्त्रण बढ़ाने के लिए) और समाधि (मन पर अनुशासन ताकि निर्लिप्त भाव पैदा हो सके)। इस तरह सभी चीज़ें आपस में जुड़ी हुई हैं।

पर ऐसा क्या है, जो मनुष्यों को प्रकृति से अलग करता है? ये भारतीय विचार का मूल प्रश्न है। सबसे प्राचीन भारतीय दर्शन सांख्य के नाम से जाना जाता है। ये विश्व को श्रेणियों में बाँटता है। ये मानवता (पुरुष) को प्रकृति से विभिन्न बनाता है। प्रकृति के अन्दर, ग़ैर-संज्ञानात्मक (भूत) और संज्ञान के सभी सन्दर्भ (इन्द्रिय, चित्त, बुद्धि, मानस) आते हैं। फिर पुरुष कौन है? इसकी पहचान निराकार, निर्गुण : आत्मा, ब्राह्मण से है। बुद्ध ने इस श्रेणी को अस्वीकृत कर दिया। उन्होंने शून्य पर ज़ोर दिया। शंकर ने देखा कि आत्मा सब कुछ है, पूर्ण और अनन्त। यही बौद्ध और जैन धर्म के बीच मूलभूत विभिन्नता है।

वेदान्त का मानवता के सार को असहमति द्वारा ढूँढ़ने का प्रयास, तान्त्रिक खोज जो सहमति यानी पैटर्न से प्रभावित है, से परिपूर्ण होता है। तन्त्र, विविधता में एक आदर्श देखता है। जैसे कि सूक्ष्म जीव जिनमें इन्द्रियाँ हैं पर भावनाएँ नहीं, तो कुछ पशु जिनमें इन्द्रियाँ और भावनाएँ हैं पर बुद्धि नहीं, फिर कुछ ऐसे भी पशु हैं जिनमें इन्द्रियाँ, भावनाएँ और बुद्धि भी है पर कल्पना नहीं और अन्ततः मनुष्य जिसमें इन्द्रियाँ, भावनाएँ, बुद्धि और कल्पना सभी है। यह स्वीकार करता है

कि मनुष्यों में कुछ ऐसा है जो पशुओं में नहीं-अमूर्त की संकल्पना कर विश्लेषण, परिकल्पना और ज्ञान रचना जो पीढ़ी-दर-पीढ़ी संचारित होता है। इसलिए, कई पीढ़ियों तक, वनमानुष के परिवार में ज़्यादा परिवर्तन नहीं होता, पर मनुष्यों के परिवार में परिवर्तन आता है जो कि धारणाओं के संचारण के कारण होता है। और यह सब कल्पना के कारण होता है। मनुष्य जन्म बहुत ख़ास होता है।

यह महत्त्वपूर्ण है कि कल्पना को दर्शन और वैज्ञानिक बातचीत में ज़्यादा महत्त्व नहीं दिया जाता। अभी हाल तक, कल्पना एक बुरा शब्द था। परन्तु इसकी जड़ें मानवता में हैं। यहाँ तक कि प्राचीन तन्त्र में, हम महसूस करते हैं कि सिद्ध होना उन चीज़ों की प्राप्ति करना है जिनकी हम सिर्फ़ कल्पना कर सकते हैं—जैसे उड़ने की कला, पानी पर चल पाना, आकार आकृति, साइज़ और वज़न को अपनी इच्छानुसार बदल लेना और अपने चारों तरफ़ के वातावरण को आकर्षित, प्रभावित और नियन्त्रित करना।

पुराने समय में, जनजातीय समाज में ज्ञान व्यवस्था का झुकाव ग़ैर-स्थिरता की ओर होता है। जनजातीय समाज में विकास की तरफ़ झुकाव होता है। भागवत पुराण में, आत्मलीन जंगल के राजा वेणी का शरीर मथ दिया गया। इससे दो जीवों की उत्पत्ति होती है : निषाद जो जंगल जाते हैं और धर्म संस्थापक राजा पृथु जो वर्णाश्रम धर्म पर आधारित समाज पर शासन करते हैं, चार वर्गों में समाज का विभाजन (सामाजिक वर्गों में राजनीतिक और आर्थिक उत्तराधिकार की स्वीकृति) और जीवन के चरण (सामाजिक गत्यात्मकता को वृद्धावस्था और मृत्यु से स्वीकारना)। आधुनिक समाज से ये काफ़ी अलग है जहाँ विकास का मतलब भौतिक सत्यों में सुधार है न कि मानसिक सत्यों में।

आज प्रगति का अर्थ सिर्फ़ वस्तुओं से है, विचारों से नहीं,

ये अपने चारों तरफ़ की दुनिया में कार्यकुशलता और प्रभावशीलता विकसित करना है, न कि करुणा और दयालु होना। विज्ञान भय और भूख को ज़्यादा से ज़्यादा भोजन और शस्त्र जुटाकर, मिटाने के लिए जुटा हुआ है, पर ये न तो भूख और न भय को दूर कर पाया है, क्योंकि ये चित्त को ज़रूरी नहीं समझता। यहीं पर धर्म की महत्त्वपूर्ण भूमिका आती है।

निष्कर्ष में, विभिन्नता के पहले बिन्दु संज्ञान और धर्मादेश पर लौटना ज़रूरी है। पश्चिम ने जाति को धर्मादेश के सन्दर्भ में देखा और देखते हैं। पर धर्मग्रन्थों ने जाति को संज्ञान के रूप में देखा। पाश्चात्य सोच के अनुसार नीतियों में बदलाव से जाति ख़त्म हो जायेगी, पर भारतीय ज्ञान के अनुसार चित्त/संज्ञान/जागरूकता/चेतना के विस्तार से ही उत्तराधिकार की ज़रूरत यानी जाति व्यवस्था समाप्त हो सकती है।

11

क्या कर्म भाग्यवादी है?

कर्म शब्द सबसे पहले वैदिक सूत्रों को पहले संग्रह ऋग्वेद में उभरता है। वहाँ उसका उल्लेख मुख्यत: संस्कार क्रिया के रूप में है। वह हमारे कामों के परिणाम से सम्बन्धित नहीं है। दूसरे शब्दों में, कर्म का अर्थ क्रिया है, प्रतिक्रिया नहीं। वेदों में इसका अर्थ बीजारोपण करना है। उपनिषदों में इसका तात्पर्य एक फल के पैदा होने से है। बाद का अर्थ, इस शब्द के पहले अर्थ में ही छिपा हुआ है क्योंकि कर्म जिसका उल्लेख हो रहा है यज्ञ करने का एक संस्कार है। यज्ञ में स्वाहा (निवेश) का परिणाम तथास्तु (उत्पाद) होता है।

पश्चिम में कर्म को नियति से जोड़ा जाता है और वे भारतीयों के कर्म में विश्वास पर भाग्यवादी और आत्मसन्तुष्ट होने का दोष देते हैं। ऐसे विचार ग़लत समझ पर नहीं बल्कि कर्म की अधूरी समझ पर आधारित हैं। कर्म की गहरी समझ स्पष्ट करती है कि यह वो शक्ति है जो हमें अत्यधिक ज़िम्मेदार और सक्रिय बनाती है। कर्म की पश्चिमी समझ बाइबल की अभिव्यक्ति पर आधारित है : 'जैसा बोओगे वैसा काटोगे', जो निर्णयात्मक है और निश्चितता पर आधारित है। लेकिन हिन्दू धर्म में कर्म, गीता के ज्ञान पर आधारित है : 'कर्म पर ध्यान

दो, फल की इच्छा न करो', जो अनिर्णयात्मक है और अनिश्चितता पर आधारित है।

कर्म के अर्थ में विभिन्नता का श्रेय, सिर्फ़ क्रिया से, वह क्रिया जिसकी प्रतिक्रिया हो, श्रमण (संन्यासी विचारकों) को जाता है जिन्होंने इसके सिर्फ़ संसारी (गृहस्थ कर्मकाण्डी) होने को अस्वीकार किया। वे पाँच सौ ईसा पूर्व पाये जाते थे, उसे ऐक्सिस युग के नाम से जानते हैं और उसी समय मिस्त्र में सुकरात की विचारधारा, चीन में कन्फ्यूशियस विचार और फ़ारस में पारसी विचारों का उदय हुआ। भारतीय विचारकों में याज्ञवल्क्य थे जिन्होंने दो स्त्रियों से विवाह किया, साथ-साथ शाक्य मुनि, बुद्ध और वर्धमान महावीर जिन्होंने परिवार और विवाहित बन्धनों को त्याग संन्यास अपनाया। याज्ञवल्क्य ने अपने उग्र विचारों के बावजूद ब्राह्मण परम्पराओं का त्याग नहीं किया इसलिए उन्हें आस्तिक क़रार दिया गया, वह जो यज्ञों के महत्त्व पर विश्वास रखता है। बुद्ध ने बौद्ध भिक्षु संघ की शुरुआत की जबकि महावीर को पुरानी और आत्मसंयमी जैन व्यवस्था का नेता माना जाता है। दोनों ही नास्तिक कहलाये क्योंकि दोनों ने यज्ञ के महत्त्व पर बल नहीं दिया।

वैश्य (व्यापारी) अपने आप को ब्राह्मणों द्वारा उपेक्षित समझते थे क्योंकि ब्राह्मण क्षत्रियों को अपना प्राथमिक संरक्षक मानते थे। इसलिए व्यापारी समुदाय में से कितने श्रमण बन गये जो ज़्यादा समानतावादी था। उन्होंने कर्म को समझने में अपना योगदान दिया, कर्म का सिद्धान्त काफ़ी हद तक व्यापारिक आचरण में प्रतिध्वनित होता है, जैसे क़र्ज़ में होना और अपने निवेश पर लाभ अर्जित करना। हर काम आख़िर में निवेश की तरह देखा जाने लगा और उसका परिणाम निवेश पर वापसी। अच्छे निवेश का मतलब अच्छी अदायगी और ख़राब निवेश के बदले ख़राब अदायगी।

पर कौन जानता है कौन-सा कर्म अच्छा और कौन-सा बुरा है?

कर्म का मतलब जैसा बीज बोया वैसे फल की प्राप्ति से हो सकता है पर हो सकता है कि आप मीठे आम की गुठली लगायें और फल इमली-सा खट्टा या मिर्च-सा तीखा निकले। एक बार एक राजा को फल दिया, जो अगर उसकी पत्नी खाये तो उन्हें सन्तान की प्राप्ति होगी। राजा की दो रानियाँ थीं, इसलिए उसने दोनों को आधा-आधा फल दिया। उसके फलस्वरूप दोनों रानियों ने आधे-आधे बच्चे को जन्म दिया। इसलिए कर्म (जिसमें एक फल को दो पत्नियों में बाँटा गया) अच्छा था पर उसकी प्रतिक्रिया (हर पत्नी का आधा बच्चा) वो बुरा था। उसी प्रकार एक चोर जो पकड़े जाने के डर से पेड़ की ऊँची टहनियों पर चढ़ता है उसे भगवान का आशीर्वाद मिलता है क्योंकि उस पेड़ का एक फूल अचानक से पेड़ के नीचे भगवान की मूर्ति पर गिर जाता है। यह कर्म को बिल्कुल बाज़ार के निवेश की तरह काफ़ी हद तक अप्रत्याशित बनाता है।

लोगों ने अच्छे और बुरे कर्मों को वर्गीकृत करने की बहुत कोशिश की, परन्तु यह तथ्य है कि जब किसी काम का परिणाम नकारात्मक होता है तो उसे पाप कहते हैं। उसी तरह, सकारात्मक परिणाम वाले काम को पुण्य कहा जाता है। काम करते समय हमें नहीं पता होता कि इसका परिणाम अनुकूल या प्रतिकूल होगा। हम सिर्फ़ अपने कर्मों को नियन्त्रित कर सकते हैं, उसकी प्रतिक्रिया को नहीं, या फिर भविष्य में हमारे कर्मों का क्या निर्णय होगा। इस बिन्दु को कृष्ण ने भगवद्गीता में अर्जुन के द्वारा कर्म के सम्बन्ध में प्रश्न करने पर स्पष्ट किया है।

कर्म जन्म का पूर्वानुमान कर लेता है। हमारे जीवन की वर्तमान परिस्थितियाँ हमारे पूर्व जन्म के कर्मों की प्रतिक्रिया हैं। इसलिए कुछ लोग निर्धन, बदसूरत और ख़राब माँ-बाप से पैदा होते हैं। पश्चिम इस विश्वास को भारत की आत्मसन्तुष्टि के रूप में इंगित करता है, क्योंकि वर्तमान परिस्थितियों को सामाजिक अन्याय की बजाय भाग्य

पर छोड़कर हम संघर्ष करने के प्रोत्साहन को नकार रहे हैं। इसमें जो 'भाग्य' शब्द उपेक्षित हो रहा है वह तीन ग्रीक देवियों फेट्स (Fates) से आया है जो हमारे नश्वर जीवन के धागे, ओलिम्पियन देवता जीयस की सलाह पर बुनती हैं, यह देवता तय करते हैं कि धागा कितना लम्बा बुनना है और इसे कब काटना है।

जो कर्म में सचमुच भरोसा करते हैं वे जानते हैं कि भूत वर्तमान को निर्धारित करता है और वर्तमान भविष्य को। इसलिए भविष्य सुरक्षित करने के लिए, हम वर्तमान में ख़ूब मेहनत करते हैं। दूसरे शब्दों में, कर्म में प्रामाणिक विश्वास किसी को भी ज़्यादा क्रियाशील और ज़िम्मेदार बनाता है। इसलिए अगर कोई व्यक्ति आलस्य करता है, तो इसका कर्म से कोई सम्बन्ध नहीं, परन्तु आलस्य से है।

दरअसल, कर्म योग का विचार मठीय पद्धति के प्रत्युत्तर में उभरा जो अकर्मण्यता को बढ़ावा देता था। दर्शन का विस्तार कर्मों के परिणामों के फलस्वरूप उत्पन्न हुए भय से निपटने के लिए और गृहस्थ की तरह अपने कर्तव्यों का पालन करते रहने के लिए भी हुआ। इन विचारों ने ये घोषित किया कि अकर्मण्यता भी एक प्रकार का कर्म है, चूक होने पर उसके परिणाम भी होंगे। जो लड़ता है वो हत्यारे को मार सकता है। जो नहीं लड़ता वो हत्यारे को दूसरे आहत पर हमला करने के योग्य बनाता है। इसलिए कोई संन्यासी कर्म से नहीं बच सकता। कर्म के जाल से मुक्त होने के लिए, सांसारिकता के साथ मानसिक सन्तुलन बनाना होता है, जो अच्छी और बुरी परिस्थितियों से अविचलित रहे।

इसलिए कर्म हमारे जीवन की वर्तमान परिस्थितियों का निर्धारण करता है। हम अपने पहले के कर्मों के प्रति कैसी प्रतिक्रिया व्यक्त करते हैं यह हमारे चयन पर है। हम या तो उसे स्वीकार कर सकते हैं या बदल सकते हैं। हमारी पसन्द कुछ के लिए अच्छी और कुछ के लिए बुरी, किसी के लिए सही और किसी के लिए ग़लत हो सकती है।

पर इन नैतिक विशेषताओं का हमारे कर्मों पर कोई प्रभाव नहीं पड़ता और न ये हमारे भविष्य की परिस्थितियों पर असर डाल पाती हैं। जो होना है वो होकर ही रहेगा, हमारी इच्छाओं से कोई फ़र्क़ नहीं पड़ता।

पश्चिमी सोच पुनर्जन्म के विचार को अस्वीकृत करती है। धार्मिक और तार्किक पाश्चात्य विचारकों को मानना है कि बच्चा एक साफ़-सुथरी कार्मिक बैलेन्स शीट के साथ पैदा होता है। जब व्यक्ति की मृत्यु होती है तब उसकी बैलेन्स शीट का हिसाब-किताब होता है। कुछ भी आगे नहीं जाता। पर हिन्दू, जैन और बौद्ध धर्म में जिस खाते का निपटारा जन्म के समय नहीं होता वो मृत्यु के समय भी वैसे ही रहता है। पहला पूर्व जन्म से आता है और दूसरा अगले जीवन की तरफ़ ले जाता है।

पश्चिमी सोच जो स्पष्टता, दृढ़ता और विश्वास पर टिकी है उसे कर्म की भारतीय व्याख्या बहुत उत्तेजित करती है। इसलिए वो सभी भारतीय परिभाषाओं को अस्वीकृत कर एक स्तरीय पश्चिमी विचार को वरीयता देता है जो कर्म को नियतिवाद में संकुचित कर देता है। पर हिन्दू धर्म में कर्म नियतिवाद (परिस्थितियों को स्वीकारना) और उत्तरदायित्व (एक परिस्थिति में अपनी प्रतिक्रिया का चयन करना जो या तो असुरक्षा या विवेक पर निर्भर है) दोनों है।

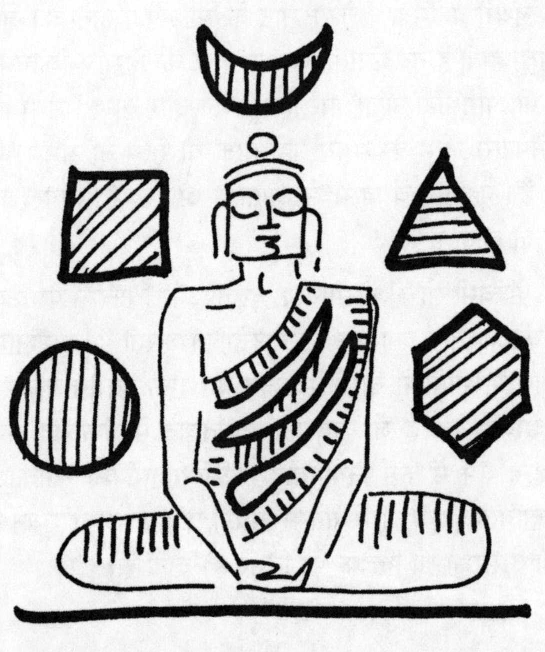

12

क्या बुद्ध विष्णु के अवतार हैं?

भारत में लगभग पच्चीस सौ साल पहले बौद्ध धर्म का उदय हुआ। इसने पूरे देश में मठीय विचारधारा को फैलाने में मुख्य भूमिका निभायी। बौद्ध धर्म से पहले, धार्मिक जीवन का केन्द्रबिन्दु यज्ञ की रीति थी जिसमें भगवान को भौतिक फल के लिए जाग्रत किया जाता था। विवाह, सन्तान जैसे सामाजिक उत्तरदायित्वों पर बहुत ज़ोर दिया जाता था। आध्यात्मिक विचार बौद्धिक समुदायों तक सीमित थे। बुद्ध ने इन नियमों को बदला और इच्छा एवं दुःख के विचार पर सामान्य जन के साथ विचार-विमर्श किया, और उन्हें भिक्षु संघ में शामिल होकर विहार में रहने के लिए आमन्त्रित किया जहाँ बोधि की प्राप्ति से शान्ति और मुक्ति हासिल होती है। ये बहुत लोकप्रिय हुआ। पुराने तरीक़ों को छोड़ा जाने लगा।

इस प्रकार वैदिक हिन्दू धर्म का रूपान्तरण पौराणिक हिन्दू धर्म के रूप में हुआ। बौद्ध विचारक नेति और शून्य पर केन्द्रित थे, हिन्दू कथावाचक, जीवन की सारता और अनन्त होने पर बात करते। जीवन ख़ुशी और आनन्द से परिपूर्ण है। बुद्धिमान वो नहीं जो संसार का त्याग करे, बुद्धिमान वो है जो संसार में अपनी भागीदारी बिना किसी

लगाव के दर्ज करे। ऐसे विवेकशील लोगों की कहानियाँ रामायण और महाभारत जैसे महाग्रन्थों में बतलायी जाती हैं। मन्दिरों में देवी-देवता का विवाह संस्कारों के साथ मनाया जाता। सौन्दर्य और आनन्द को मन्दिर की दीवारों पर प्रदर्शित किया जाता था। लोग बुद्धिमान देवता विष्णु की चर्चा करते, जो सामाजिक व्यवस्था को संरक्षित रखते न कि संन्यासियों की तरह उसे नष्ट करते।

वैसे तो ब्रह्मा ने सामाजिक व्यवस्था की रचना की, परन्तु वे और उनके बच्चे (इन्द्र, उदाहरण के लिए) दुनिया के साथ शान्ति से नहीं रहे। शिव सांसारिकता का त्याग कर संन्यासी बनते हैं। शक्ति उनसे विवाह कर उन्हें सामाजिक जीवन में सम्मिलित करती हैं, पर वो अनिच्छुक गृहस्थ रहे, जो सामाजिक नियमों की प्रशंसा नहीं कर पाता। विष्णु समाज के फलदायी सदस्य हैं, जो कई अवतार लेते हैं, कभी पुजारी (वामन), कभी राजा (राम), कभी ग्वाला (कृष्ण), और जीवन को भरपूर समझदारी से जीते हैं क्योंकि उन्हें वैदिक तरीक़ों से ज्ञान प्राप्त था।

स्पष्ट तौर पर क़रीब एक हज़ार साल पहले बौद्ध और हिन्दू धर्म में शत्रुता थी। पर दोनों ने एक-दूसरे के विचारों और आख्यानों को प्रभावित किया। जैसे, आदि शंकराचार्य पर प्रच्छन्न बुद्ध होने का आरोप लगा जो बौद्ध विचारों को वैदिक कहानियों की आड़ में छिपा रहे थे और स्वर्ग और नरक के बौद्ध सन्दर्भ पर गहरा पौराणिक प्रभाव था।

शुरू-शुरू में वेदों (निगम परम्परा) के अनुयायी पुराणों (आगम परम्परा) के ख़िलाफ़ थे क्योंकि वे यज्ञ रीतियों को मन्दिर की पूजा रीतियों से ज़्यादा महत्त्व देते थे। पर धीरे-धीरे, निगम और आगम विचारों का विलय हुआ और ब्रह्मचारी-संन्यासी-आचार्य मठों और मन्दिरों के प्रमुख बनने लगे। ये क़रीब एक हज़ार साल पहले हुआ। इसी समय में बुद्ध को विष्णु के अवतार के रूप में देखा

जाने लगा। लेकिन बुद्ध, बौद्ध धर्म को मानने वालों के गौतम बुद्ध नहीं थे।

हिन्दुओं द्वारा गृहस्थों को महत्त्व दिये जाने की वजह से प्राचीन थेरवादी बौद्ध धर्म, महायान बौद्ध धर्म में परिवर्तित हुआ जहाँ बोधिसत्व का ज़्यादा मान था, जो अधिक करुणाशील थे और मानवीय इच्छाओं को ज्ञानी बुद्ध से बेहतर समझते थे। बौद्धों द्वारा संन्यासियों को महत्त्व दिये जाने की वजह से गृहस्थपरायण वैदिक हिन्दू धर्म, संन्यासीपरायण पौराणिक हिन्दू धर्म में परिवर्तित हुआ। जिन गुरुओं ने ब्रह्मचर्य और त्याग को अपनाया जैसे रामानुज और शंकर, बौद्ध विहारों की तरह मठों की स्थापना की। बौद्ध अनुयायी कहानियाँ सुनाते कि कैसे आदि बुद्ध ने मानवता की भलाई के लिए अपने आप को बुद्ध और बोधिसत्व की तरह व्यक्त किया, इस धारणा के पीछे अवतारों की पौराणिक हिन्दुओं में पायी जाने वाली लोकप्रिय भावना थी। बाद में बौद्ध धर्म में देवी तारा की उपस्थिति तान्त्रिक प्रभाव के कारण है। इसलिए, काफ़ी लम्बे समय तक हिन्दू और बौद्ध धर्म का परस्पर मिलन और विलय हुआ।

ध्यान देने योग्य बात यह है कि बौद्ध और हिन्दू धर्म के बीच के फ़र्क़ से सामान्य व्यक्ति को कोई मतलब नहीं था, वे दोनों की एक साथ उपासना करते थे और दोनों के बीच कोई ख़ास विभेद नहीं करते थे। थाईलैंड के मन्दिरों में बुद्ध और राम दोनों को एक ही मत का मान साथ-साथ पूजा की जाती है। ये विभेद ब्राह्मण समुदाय और मठीय परम्पराओं के लिए ज़्यादा मायने रखता था क्योंकि ये अपने मन्दिरों, रीतियों और मठों के संरक्षण हेतु आपस में प्रतिद्वन्द्वी थे। हिन्दू और बौद्ध धर्म ये शब्द जिनका प्रयोग हम आज करते हैं उन्नीसवीं शताब्दी में साम्राज्यवादी काल में उपजे। उससे पहले प्रयुक्त शब्द ज़्यादा जातिवाचक थे। बहस यह थी कि या तो बौद्ध या फिर ब्रह्म (वेदों), शिव और विष्णु (यानी पुराणों), किसका मार्ग अपनाया जाये।

कुछ कथाओं में, जैसे भागवत पुराण में, विष्णु साधु का रूप धारण कर राक्षसों को छलते हैं, जिससे देवता उन्हें हरा देते हैं। यहाँ संन्यासी, बुद्ध और जिन्न (जो मठीय जैन और दूसरे प्रतिद्वन्द्वी धर्मों) से सम्बन्धित हैं। कुछ ग्रन्थों जैसे गीत गोविन्द में, विष्णु संन्यासी का रूप धरकर पशुओं की बलि चढ़ने से बचाते हैं, ये इस बात की तरफ़ ध्यान आकर्षित करता है कि कुछ वैदिक रीतियों में पशुओं की बलि होती थी (वह विचार जिसे कई परम्परावादी हिन्दू अस्वीकृत करते हैं और ग़लत व्याख्या मानते हैं)। विष्णु के नौवें अवतार वामन को, कुछ के द्वारा बुद्ध तो कुछ के द्वारा जिन्न की तरह देखा गया। ज़्यादा-से-ज़्यादा बौद्ध और जैनियों को वैष्णव और बाद में हिन्दू धर्म में लाने की यह एक रणनीति थी।

बौद्धों के लिए, साक्य मुनि बुद्ध एक ऐतिहासिक व्यक्तित्व थे जो पच्चीस सौ साल पहले हुए और एक पारलौकिक व्यक्तित्व (आदि बुद्ध) जो मानवता की भलाई के लिए करुणामय बोधिसत्व है। उनके लिए कोई विष्णु और शिव नहीं हैं। विभिन्न भौगोलिक परिवेशों में अलग-अलग कालखण्ड में अलग-अलग सत्य का अस्तित्व रहा। हमें आस्थावानों की आस्था का सम्मान करना चाहिए, अपने विचार उन पर नहीं थोपने के बजाय इन आरोपों के पीछे छिपी राजनीति को भी पहचानना चाहिए।

इसलिए हम कह सकते हैं कि बौद्धों के लिए बुद्ध विष्णु का अवतार नहीं, हिन्दुओं के लिए शायद वह हैं।

13

क्या हिन्दू धर्म के नृसिंह, हॉलीवुड के वुल्वरिन की तरह हैं?

अवतार कोई सुपरहीरो नहीं होता। सुपरहीरो कोई अवतार नहीं होता।

नृसिंह विष्णु के अवतार हैं। पुराणों में उनका वर्णन अर्द्ध मनुष्य और अर्द्ध सिंह के रूप में है। वुल्वरिन एक प्रताड़ित सुपरहीरो हैं जो उत्परिवर्तित है, यानी जिसके जीन अधिक विकसित या विकृत हो गए हैं। दोनों एक-दूसरे से बिल्कुल भिन्न हैं।

अवतार ईश्वर का रूप है जो मानवता की भलाई के लिए नश्वर शरीर धारण करते हैं। नृसिंह, विष्णु द्वारा धारण किया गया एक रूप है जो असुर (जिसे अंग्रेज़ी में राक्षस कहते हैं) का संहार करने के लिए हुआ जो न तो किसी मनुष्य और न ही किसी पशु द्वारा मारा जा सकता था बल्कि कोई ऐसा जो न पूरी तरह मनुष्य हो न पशु-जैसे कि नृसिंह। सुपरहीरो की तरह अवतार रोमांचक कार्य नहीं करते। अवतार को भविष्य और अपने शत्रु की पूर्ण जानकारी होती है, वे एक पात्र का निर्वहन करते हैं, इसीलिए लीला या ईश्वर का खेल शब्द का प्रयोग होता है।

सुपरहीरो एक नश्वर मनुष्य होता है जो महामानवीय शक्तियाँ धारण कर विलक्षण बन जाता है और इन शक्तियों का प्रयोग वह मानवता की भलाई के लिए करता है। सुपरहीरो की अवधारणा ग्रीक हीरो हेराक्लीस पर आधारित है—जो बाक़ी मनुष्यों से अलग है क्योंकि उनके माता-पिता में से एक ओलिम्पस के देवता हैं—वे जब अभियान पर जाते हैं तो उन्हें अपनी नियति का बोध होता है, कि उनकी नियति तो मानवता की भलाई करना है। वुल्वरिन एक ऐसा ही सुपरहीरो है, उत्परिवर्तनशील, पशुओं के समान तीक्ष्ण ज्ञानेन्द्रिय वाला, महाशक्तिशाली, दोनों हाथों में तीन-तीन प्रत्यकार्षणीय पंजे और फिर से पनपने की महाशक्ति जो इसे क़रीब-क़रीब अविनाशी और अपराजेय बनाती है। एक ग़ुस्सैल, हताश अकेला, पराजित समुराई जो अच्छाई करते हुए अपने रहस्यमय पक्ष से संघर्ष करता है और अच्छा भी बनना चाहता है, पर हमेशा सफल नहीं होता।

आधुनिक युग में वीडियो गेम में 'अवतार' शब्द का प्रयोग नक़ली पहचान के लिए होता है, एक नक़ाब जो आपकी असली पहचान छुपा देता है। कुछ इसी तरह से पश्चिमी लोगों की हिन्दू पौराणिक धारणाओं की समझ है। पश्चिमी लेखकों के लिए दूसरी संस्कृतियों के विचारों को पश्चिमी सोच में ज़बरदस्ती घुसेड़ना आम-सी बात है। और इसलिए, अवतार उनके लिए, सुपरहीरो का हिन्दू स्वरूप है।

इस खेल में फ़ायदा किसका होता है? जो खलनायक कहे जाते हैं उनका। उदाहरण के लिए, नृसिंह की कहानी में, जिस असुर का वध होता है वह दण्डित नहीं बल्कि श्राप से मुक्त होता है। राक्षस, हिरण्यकश्यप अपने पिछले जन्म में विष्णु के घर में द्वारपाल होता है और श्राप की वजह से असुर बनता है क्योंकि जब विष्णु सो रहे थे तो उसने एक ऋषि को भीतर जाने नहीं दिया था। हिरण्यकश्यप का विष्णु द्वारा वध उसे श्रापमुक्त करता है। अवतार की कहानी, कर्म और

पुनर्जन्म के प्रति आस्था की माँग करती है। ग्रीक हीरो या सुपरहीरो की कहानी में ऐसा कोई विश्वास नहीं है। ये अवमानना है कि सुपरहीरो को समस्या सुलझाने की क़ाबिलियत सिद्ध करने और प्रायश्चित्त करने के लिए एक ही जन्म मिलता है, जैसे कि वुल्वरिन को अपने घिनौने अतीत से छुटकारे के लिए एक ही मौक़ा मिलता है।

इसलिए सुपरहीरो एक साधारण आदमी है जो बहुत ख़ास बन जाता है। उसकी यात्रा छोटे से बड़े बनने की है। उसके विपरीत, अवतार, असीमित दैवी शक्ति (विष्णु) है जो सीमित दैवी बनता है (नृसिंह या अन्य किसी अवतार में)। उनकी यात्रा बड़े से छोटे की तरफ़ है। दोनों ही मानवता के कल्याण के लिए हैं। सुपरहीरो के सन्दर्भ में, यह एक चयन है : इसके बजाय वो सुपरविलेन भी बन सकता है। अवतार के सन्दर्भ में मानवता की भलाई ही पूरा मुद्दा है।

हम भारतीय और पाश्चात्य कहानियों में समानताएँ ढूँढ़ने की कोशिश अक्सर करते हैं। पर हमें कारणों का पता लगाना चाहिए। क्या यह ये सिद्ध करता है कि भारतीय स्तर पाश्चात्य के समकक्ष हैं? ज़्यादातर लोगों का यह विचार भारत के प्रति एक हीन भावना की वजह से है। या फिर यह कहता है कि नया पश्चिम, भारत के अतीत के पदचिह्नों की नक़ल कर रहा है। यह एक आम ख़याल है, जो सभी भारतीय चीज़ों के प्रति उत्कृष्टता के भाव की वजह से है। या फिर ये दर्शाता है कि भारतीय और पश्चिमी अलग नहीं हैं? क्योंकि लोग सांस्कृतिक विभिन्नता को मानना नहीं चाहते।

अलग-अलग संस्कृतियों की अलग-अलग मान्यताएँ उनमें विभेद पैदा करती हैं। भारतीय संस्कृति, पुनर्जन्म के विचार के इर्द-गिर्द घूमती है; यह इसे विविधता, अनिश्चितता और आत्मनिष्ठता के साथ सहज करता है। संसार में प्रवाह है और अवतार मानवीय कमियों के प्रति धैर्यपूर्ण है क्योंकि उसे सम्पूर्ण ज्ञान है। पश्चिमी संस्कृति एक जन्म के विचार के आसपास घूमती है, जो इसे समानता, निश्चितता

और ऑबजेक्टिविटी में सहज बनाती है। उनकी दुनिया स्थिर है जिसमें बदलाव क्रान्ति से आ सकता है, जो सुपरहीरो ला सकता है। सुपरहीरो की ज़रूरत समस्याओं से भरे संसार में है। अवतार की आवश्यकता विवेकहीन संसार में है।

14

क्यों ब्राह्मण और क्षत्रिय यहाँ तक कि वैश्य भी महत्त्वाकांक्षी हैं, पर शूद्र नहीं?

चतुर्वर्ण या समाज का चार वर्गीय विभाजन, वैदिक समाज की विशिष्टता थी। ये चार श्रेणियाँ स्रोत थीं, वैदिक पाण्डित्य (ब्राह्मण), भूमि नियन्त्रक (क्षत्रिय), बाज़ार संचालक (वैश्य) और कई सेवाओं को उपलब्ध करने वाले (शूद्र) की। यह समाज का सच्चा प्रतिबिम्ब नहीं था पर एक अनुमान था कि समाज कैसे बनता है।

भारतीय समाज काफ़ी समय से जातियों में बँटा हुआ है। चार वर्णों के अलावा यहाँ हज़ारों जातियाँ हैं। जब लोग कास्ट कहते हैं तो उससे उनका तात्पर्य उस यूरोपीय अवधारणा से है जो जाति के लिए प्रयुक्त होता है, वर्ण नहीं। हम दोनों के बीच भ्रमित रहते हैं। जाति, एक आर्थिक-राजनीतिक इकाई थी जो व्यवसाय पर आधारित थी। आप अपने पिता से अपनी जाति प्राप्त करते थे। जाति रोटी-बेटी के साधारण विचार पर आधारित थी, आप अपनी ही जाति के लोगों के साथ खाते हैं, और अपनी ही जाति के लड़के या लड़की से विवाह करते हैं। जाति एक समुदाय की तरह कार्य करती थी। जैसे ग़ैर-सामुदायिक विवाह की अनुमति नहीं होती, उसी प्रकार ग़ैर-जातीय

विवाह भी स्वीकृत नहीं थे। जाति की रेखा पार करने पर हिंसा भी भड़क सकती थी।

धर्मसत्ता के अध्ययन ने यह प्रकट किया है कि जाति व्यवस्था उन्नीस सौ वर्ष पूर्व जटिल हुई जबकि वेद तीन हज़ार वर्ष पुराने हैं। यह इस बात को जताता है कि वेद सामाजिक विभेद की चर्चा तो करते हैं पर जटिल धर्मतान्त्रिक समुदायों की बात नहीं करते।

किसी व्यक्ति की समाज, धर्मतन्त्र में सापेक्षिक स्थिति प्रादेशिक असलियत से निर्धारित होती थी। उदाहरण के लिए, गंगा के मैदानी इलाक़ों में कायस्थ जाति तब उभरी जब मुग़ल दरबारों में हिन्दू अधिकारियों का उदय हुआ। दक्षिण भारत में बहुत से लोग अपने समुदाय में कायस्थ को नहीं ढूँढ़ पायेंगे। उसी तरह, राजस्थान में बहुत कम ही समझ पायेंगे कि कर्नाटक के लिंगायत कौन थे, उनका जाति व्यवस्था में क्या स्थान था, वह भी इस बात को ध्यान में रखते हुए कि वे जाति व्यवस्था का बहिष्कार करते हैं।

बहुत से लोग कहते हैं कि भारतीय जाति व्यवस्था, श्रम का एक बुद्धिसंगत विभाजन है जो कार्यकुशलता और प्रभावशाली तरीक़ों को प्रोत्साहित करता है। जो ऐसा कहते हैं वो अपने आपको पहले दो चरणों (ब्राह्मण और क्षत्रिय) से सम्बद्ध समझते हैं, तीसरे चरण (वैश्य) से सामान्य तौर पर कम और चौथे चरण (शूद्र) से तो मुश्किल से ही। अगर कोई कहता है कि, "मुझे अपने शूद्र होने पर गर्व है", तो यह बात बग़ावत से उपजी हुई ज़्यादा है न कि विवेक और स्नेह से। और अगर लोगों को अपने ब्राह्मण और क्षत्रिय होने पर गर्व है तो इसके पीछे प्रभुत्व की इच्छा ज़्यादा है, विवेक और स्नेह से कम ही मतलब है।

नियमानुसार, जो पुरोहिताई करते वो ब्राह्मण थे और जो भूमि का नियन्त्रण करते वो क्षत्रिय थे। पर जो अधिकारी राजा के दरबार

में काम करते थे वे कौन थे? क्या वे ब्राह्मण या क्षत्रिय या साधारण शूद्र, सेवा देने वाले थे? नये योद्धा जो पल्लवों और शक की तरह बाहर से आकर भारत में बस गये उन्हें क्षत्रिय रूप में स्वीकारा गया और उन्हें वैधता देने के लिए उन्हें देवताओं और पौराणिक राजाओं से जोड़ा गया। एक धनी साहूकार वैश्य था, पर क्या वो बैंकिंग सेवा देने वाला, एक सेवा प्रदाता नहीं था? और वो धनलोलुप, जिसके पास कोई ज़मीन नहीं थी और जिसने अपनी सैन्य सेवाएँ सबसे ज़्यादा बोली लगाने वाले को बेचीं, वो क्षत्रिय था या फिर शूद्र? हज़ारों जातियों को चार वर्णों में अंकित करना हमेशा से एक चुनौती रही है। दक्षिण में, खेतों का नियन्त्रण कर ब्राह्मण शक्तिशाली बने-ब्रह्मदेय गाँव और अग्रहार। पर क्या इससे वो भूमिपति नहीं बन गये यानी क्षत्रिय? महाराष्ट्र के पेशवा, ब्राह्मण थे या क्षत्रिय या प्रशासनिक सेवा प्रदान करने वाले? ये जटिल विषय हैं जो झगड़े की तरफ़ ले जाते हैं।

वेद एक विविधतापूर्ण समाज की बात करते हैं। समाज के प्रभुत्वसम्पन्न सदस्यों, ब्राह्मणों, भूस्वामियों, धनिकों और शक्तिशालियों ने विविधता के सन्दर्भ को धर्मतान्त्रिक समाज में बदल दिया। धर्मशास्त्रों का प्रयोग कर उन्होंने ऐसा किया। धर्मशास्त्र, यहाँ तक कि मनुस्मृति में भी, ब्राह्मण जाति ने अपने आपको ब्राह्मण वर्ण में अंकित किया। उनकी अन्य हज़ारों जातियों में दिलचस्पी नहीं थी।

ब्राह्मण जातियों में भी वंश व्यवस्था थी। जो वैदिक धर्माचरण करते वे अपने आपको मन्दिरों के पुरोहित से श्रेष्ठ समझते थे। जो विवाह करवाते वो दाह संस्कार करवाने वालों से अपने आपको उच्च समझते। इसी तरह क्षत्रियों, वैश्यों और शूद्रों में भी वंशक्रम था। यह वंश व्यवस्था किसी ग्रन्थ से नहीं बल्कि प्रादेशिक राजनीति से निकली।

दुनिया के हर समाज में आर्थिक और राजनीतिक वर्गीकरण रहे हैं। जो बात जाति व्यवस्था को अनोखा बनाती है वो इस वर्गीकरण की

शुद्धता है। कुछ सेवा देने वालों को घृणित समझा जाता और उनका गाँव में प्रवेश निषिद्ध था यहाँ तक कि सामान्य मानवीय सम्मान से भी वे वंचित थे। यह जाति व्यवस्था का सबसे ख़राब पहलू है जिसे क्षमायाचक अक्सर नकारते हैं। क्या वेद इसकी सिफ़ारिश करते हैं? नहीं, ऐसा नहीं था? वेद आत्मा, चित्त की बात करते हैं जो शाश्वत रूप से शुद्ध है, जो विविधता को महत्त्व देता है, न कि धर्मतन्त्र को। वो अज्ञान और भय की बात करते हैं जो अहम् को पोषित करता है जो शरीर और धर्मसत्ता को ज़्यादा मान देता है।

भारत में मुस्लिम राजाओं ने जाति व्यवस्था को तब तक ज़्यादा तूल नहीं दिया जब तक उन्हें क्षत्रियों की तरह समझा गया। बाक़ी ग़ैर-शाही मुसलमानों को उनके पेशे और सम्पत्ति के हिसाब से गाँव में मान-सम्मान मिला।

अंग्रेज़ों ने पहली जनगणना में सभी जातियों को चार वर्णों में रेखांकित करने की कोशिश की लेकिन वह बहुत ही झंझट भरा साबित हुआ क्योंकि उन्हें ये समझ आया कि भारत में कई समुदायों में स्पष्ट जातियाँ नहीं हैं। गर्मी में जो व्यक्ति किसान है वो सर्दियों में सिपाही बन जाता है—वो क्षत्रिय था या फिर वैश्य (अगर उसके पास ज़मीन है) या शूद्र (अगर वो भूमिहीन है)? अंग्रेज़ों द्वारा जातियों के दस्तावेज़ बनाने की प्रक्रिया ने एक सापेक्षिक रूप से सरल व्यवस्था निश्चित की, इस प्रयास से एक बेढंगी एकल राष्ट्रीय धर्मसत्ता स्थापित करने की कोशिश हुई जो बहुल प्रादेशिक धर्मसत्ता से अलग थी। इस दस्तावेज के बनने से दलित समुदायों के उत्पीड़न पर ध्यान गया। पर इसने कृत्रिम धर्मसत्ता के भी निर्माण की माँग की जो पहले कभी मौजूद ही नहीं थी। नये उभरते शहरी समीकरण में जहाँ पुरानी जातिगत पहचानों को मिटाना आसान होता वहाँ इन जाति दस्तावेज़ों की मौजूदगी ने गाँव के पूर्वाग्रहों का चिरस्थायी बने रहना सुनिश्चित कर दिया।

आज़ादी के बाद, आरक्षण नीति ने जातियों के बीच धर्मसत्ता की निरन्तरता सुनिश्चित की क्योंकि इन्होंने ऐसा मान लिया कि कुछ जातियों को सकारात्मक भेदभाव की ज़रूरत नहीं और कुछ को है। इसलिए उच्च वर्ग के कुछ निर्धन लोगों को अपने ही वर्ग के धनी लोगों की ज़्यादतियों की वजह से कष्ट झेलना पड़ा। इसी प्रकार, किसी ने यह महसूस नहीं किया कि निम्न वर्ग के कई लोग काफ़ी अमीर और सम्पन्न हैं क्योंकि वो शहरी इलाक़े में रहते हैं। हिन्दू धर्म को एकरूपता देने के सभी प्रयास विफल हुए क्योंकि जातियों की विविधता बनी रही और वर्ण व्यवस्था का अनुमानित दायित्व आत्मतुष्टि की माँग करता है।

आज जातिगत धर्मसत्ता राजनीतिक विचारधाराओं द्वारा पुनः बलपूर्वक स्थापित हो रही है जो हज़ारों जातियों को दो भागों में बाँटते हैं : अत्याचारी और उत्पीड़ित, दलित और सवर्ण, विशेषाधिकारी और वंचित। सामाजिक न्याय का सिद्धान्त इतना द्वन्द्वात्मक है कि यह धर्मसत्ता की पुनर्स्थापना करता है। कार्यकर्ता और नेता आपको दलित और सवर्ण का तमगा दिये बिना छोड़ेंगे नहीं, भले आप चाहें या न चाहें, एक जाति का सदस्य होने की वजह से आप वोट बैंक और भीड़ का हिस्सा हैं।

ईश्वर या गुरु का दास होने में कोई बुराई नहीं, पर अन्य किसी व्यक्ति का दास नहीं क्योंकि ये सामन्ती मानसिकता है। हम समानता से घबराते हैं क्योंकि ये हमारी पहचान और सामाजिक स्थिति को एक समरूप सामाजिक व्यक्तित्व के रूप में घुला-मिला देता है। इसलिए प्राचीनक़ालीन ब्राह्मण, अंग्रेज़ों, और सरकार की तरह हम अपने आप को सैद्धान्तिक तौर पर, वैदिक समाज के मूल चार वर्णीय समाज में रेखांकित कर अपने आप के बारे में अच्छा महसूस करते हैं।

औद्योगिक क्रान्ति से पहले, हर समाज विशिष्ट विद्वानों (पुरोहितों और दार्शनिकों), भूमिपतियों और व्यापारी वर्ग से नियन्त्रित होता था।

बाक़ी नौकर और दास होते थे। कारीगरों और छोटे व्यापारियों का स्तर नीचे था। उनसे भी नीचे मज़दूर थे। औद्योगिक क्रान्ति ने बैंकर, व्यापारियों, फ़ैक्टरी मज़दूरों, क्लर्क और कॉर्पोरेट कर्मचारियों के एक नये वर्ग की रचना की। सामाजिक गतिशीलता सम्भव हुई। फिर भी समाज शिक्षित (ब्राह्मणों), शक्तिशाली (क्षत्रियों) और धनिकों (वैश्यों) के नियन्त्रण में रहा, न कि अशक्त सेवा देने वालों (शूद्र) के जो नौकरों के लिए प्रयुक्त होने वाला शब्द था। ऐसा भारत में तो है, अन्य जगहों पर भी है।

15

क्या योग हिन्दू धारणा है?

अमेरिका में, ये सवाल कि योग हिन्दू धारणा है या नहीं, राजनीतिक और आर्थिक वजहों से उठता है। कुछ हिन्दू तर्क करते हैं कि पश्चिम द्वारा योग को उपयुक्त ठहराकर, वाणिज्यिक बना लिया गया है इसलिए ये भ्रष्ट और आध्यात्मिक मूल्यों से क्षीण हो गया है। पाश्चात्य शिक्षाविद् ये तर्क प्रस्तुत करते हैं कि योग कभी हिन्दुओं का था ही नहीं इसलिए इसके स्वामित्व का प्रश्न ही नहीं उठता। यह मुख्य रूप से, क्या ये 'तुम्हारा' और क्या ये 'मेरा' इलाक़ा है वाली लड़ाई बन गयी है, वो गाँठें जिन्हें योग खोलने की कोशिश करता है।

इसमें कोई शक नहीं कि ये विचार भारतीय उपमहाद्वीप (जिसे आजकल दक्षिण एशिया कहते हैं) में सैकड़ों साल पहले उपजा। इसके आज के स्वरूप जिससे हम परिचित हैं वह भारत में, ख़ासकर मैसूर में बीसवीं शताब्दी की शुरुआत में रहने वाले हिन्दुओं द्वारा नये कलेवर में प्रस्तुत किया गया।

सिन्धु घाटी की एक मुहर पर बैठी हुई मुद्रा में एक पुरुष है जिसे योग में भद्रासन या सिंहासन स्थिति कहते हैं। क्या यह योग था? हम दोनों तरह से क़यास ही लगा सकते हैं।

वैदिक परम्पराएँ जो चार हज़ार साल पुरानी हैं, उसमें 'योग' शब्द का तात्पर्य गाड़ी में गाय को जोतना होता था। आज भी, योग या बोलचाल के क्रम में 'जोग' का तात्पर्य विभिन्न शक्तियों का एक सीध में निर्धारण करना होता है, कुछ-कुछ खगोलशास्त्र में ग्रहों की स्थिति निर्धारित करने जैसा। हम यह भी तर्क लगा सकते हैं कि 'जुगाड़' शब्द 'जोगी' से आया जो शक्ति सम्पन्न थे और 'जोग' करते थे। इसलिए इस शब्द की जड़ें वेदों में हैं।

साधु परम्परा, जो तीन हज़ार वर्ष पुरानी है, उसने कई विचारों को सामने रखा जो योगिक माने जाने लगे। विचार जैसे कि मनोवैज्ञानिक अनुशासन यानी ध्यान पर फ़ोकस था जो कि सजगता या धारणा निर्मित करने हेतु होता, या फिर श्वास वापस लेने का व्यायाम (प्रत्याहार) और भी बहुत सारे श्वास व्यायाम (प्राणायाम), साथ ही मन और शारीरिक विकृतियों को सन्तुलित करने हेतु (आसन) जैसे एक पैर पर खड़े होना, या बाँहें ऊपर की तरफ़ खड़ी करना, संन्यासी जिन्हें तपस्वी कहते हैं वे इनका पालन करते थे, या फिर आत्ममन्थन यानी तप, जिससे मनुष्यों को सिद्धि हासिल होती है जो उन्हें प्रकृति को नियन्त्रित करने के योग्य बनाती है। योग से जुड़ी आज की पद्धतियों की जड़ें श्रमण परम्परा में हैं। बौद्ध और जैन धर्म, श्रमण परम्पराएँ हैं।

दो हज़ार वर्ष पहले पौराणिक युग में, वैदिक रीतियाँ और फिर साधु परम्पराएँ देवताओं की कहानियों से थोड़ा निस्तेज हो गये थे। इन कहानियों में शिव, विष्णु और देवी की कहानियाँ थीं जो गृहस्थ जीवन को संन्यास से ज़्यादा महत्त्व देते थे। शिव वो भगवान हैं जिन्होंने अपने शिष्य पतंजलि, जो एक सर्प था, उसको योग का ज्ञान दिया, जिसने ये ज्ञान दुनिया के साथ बाँटा। विष्णु ने भी ऐसा ही किया, जैसे कृष्ण ने अर्जुन को ज्ञान दिया और राम ने हनुमान को। कुछ ने मनोवैज्ञानिक पहलू पर ज़्यादा बल दिया, वो विचार जिसमें कि जीवात्मा का पर-आत्मा से मिलन होता है जो ईश्वर प्राप्ति है और जिसे समाधि भी

कहते हैं। कुछ भौतिक पहलुओं पर भी फ़ोकस करते हैं, ख़ासकर जादुई ताक़तों पर, जो संन्यास से सम्बन्धित हैं जिन्हें सिद्धि कहते हैं। समाधि फ़ोकस वैदिक है और सिद्धि फ़ोकस तान्त्रिक, हालाँकि ये विभाजन स्वेच्छा से बनाये हुए हैं। ये फ़ोकस अलग-अलग अंशों में परिवर्तित होता है। भागवत गीता जो महाभारत का हिस्सा है उसमें योग के मनोवैज्ञानिक पहलू का उल्लेख है, प्राणायाम है पर आसन नहीं। वहीं पतंजलि योगसूत्र में आसन का उल्लेख बहुत कम है, पर योग की स्पष्ट परिभाषा वहाँ मिलती है (मानसिक उतार-चढ़ाव को मिटाना) और ये ज़्यादा आस्तिक होने के उत्तरदायित्व से भी परे है।

नाथ परम्परा जो एक हज़ार साल पहले लोकप्रिय हुई, उसमें योग के शारीरिक पहलू की स्पष्ट चर्चा है : विभिन्न योगिक मुद्राएँ और श्वास व्यायाम। भभूत लगाये भिक्षु जो मत्स्येन्द्रनाथ और गोरखनाथ में श्रद्धा रखते थे वे इनका पालन करते थे। इस विचारधारा के कट्टर सदस्य नग्न साधु थे जो पश्चिम को बड़ा आकर्षित करते क्योंकि इस परिप्रेक्ष्य में उनकी विलक्षणता की आकांक्षा तुष्ट होती।

उन्नीसवीं शताब्दी से, ब्रिटिश शासन के दौरान, यूरोपीय संवाद का विरोध करने के लिए और यूरोपीय शैली जिमनास्टिक का अनुभव होने के बाद, मैसूर के वडियार राजाओं के संरक्षण में, पारम्परिक स्थानीय गुरु जैसे कृष्णामाचार्य ने योग की परिकल्पना की और उसे संगठित किया जैसा कि आज हम जानते हैं। आयंगर और शिवानन्द जैसे शिक्षकों ने इन्हें सम्पूर्ण विश्व में फैलाया। प्राचीन और मध्ययुगीन टिप्पणियों और योग ग्रन्थों जैसे पतंजलि सूत्र के अनुवाद को विद्वानों और शिक्षाविदों जैसे विवेकानन्द ने प्रचारित किया।

भारत, जिसे ग्रीकवासियों ने एक भौगोलिक शब्द समझा था वो एक राजनीतिक शब्द में परिवर्तित हो चुका है, जो एक धर्मनिरपेक्ष गणतन्त्र है, जबकि इंडिक एक सांस्कृतिक शब्द है। हिन्दू, जो अरबी और फ़ारसी द्वारा प्रयुक्त एक भौगोलिक शब्द था वह अब एक

धार्मिक शब्द बन गया है। योग, भारतीय है या इंडिक या हिन्दू ये तर्क आप कितने अच्छे वकील हैं उस पर निर्भर करता है।

आज योग का विचार और परम्परा पूरे विश्व में काफ़ी फैल गयी है, यह काफ़ी संकटपूर्ण है क्योंकि एक तरफ़ ईसाई और मुस्लिम पृथक्तावादी और श्रेष्ठतावादी हैं (ये योग को गुप्त हिन्दू मिशनरी गतिविधि समझते हैं) और हिन्दू पृथक्तावादी और श्रेष्ठतावादी (अपने विश्वास और संस्कृति पर स्वामित्व होने से भय खाते हैं)। फिर नास्तिक और धर्मनिरपेक्ष भी हैं, जिन्हें श्रेष्ठता की कामना है, जो परम्परा या धर्म के नाम से उत्तेजित हो जाते हैं।

हमें वामपन्थी और दक्षिणपन्थी विचारकों के तर्क से सावधान रहना चाहिए, ये दोनों ही प्रत्येक संस्कृति में बाहरी सीमा पर रहते हैं, पर बातचीत को नियन्त्रित कर सूक्ष्म-सा भेद निकाल देते हैं। दक्षिणपन्थी, ख़ासकर उनमें जो हिन्दू श्रेष्ठतावादी हैं, उनके अनुसार योग अपने पूर्ण और प्रारम्भिक रूप में हिन्दू धर्म में काफ़ी पहले, सिन्धु घाटी की सभ्यता से भी पहले उत्पन्न हुआ। वामपन्थी सभी प्राचीन, धार्मिक और पारम्परिक चीज़ों से विरोध रखते हैं। ये दोनों पन्थ एक-दूसरे के विचारों के विरोध से पोषित होते हैं, न कि इतिहास को समझ कर जो न तो आसान है और न ही एक सीध में है।

इस बात को नकारना कि योग का भारत, हिन्दू, बौद्ध और जैन धर्म से कोई ख़ास रिश्ता नहीं है वैसा ही होगा कि अमेरिका का नेटिव अमेरिकी से कोई मतलब नहीं (सिवाय उनकी लाशों पर देश खड़ा करने के)। साथ-साथ पश्चिम पर योग चुराने का आरोप लगाना भी अनुचित है, सांस्कृतिक आदान-प्रदान में विचार तो परिवर्तित होते ही हैं। शुद्धता का विचार जिसे धार्मिक और अन्य विचारक पकड़ते हैं वह ख़तरनाक है क्योंकि अन्ततः यह छुआछूत को स्थापित करता है।

इसलिए इस प्रश्न का जवाब देने के लिए यह मानना पड़ेगा

कि योग हिन्दू है। पर इसका इंडिक होना ज़्यादा उपयुक्त है क्योंकि इस विचार को बौद्ध, जैनियों और कई लोगों ने विकसित किया जो भारतीय उपमहाद्वीप में रहते थे। और अब यह ग्लोबल हो रहा है।

रीति-रिवाज

16

हिन्दू इतने कर्मकाण्डी क्यों हैं?

हिन्दू धर्म में कर्मकाण्ड है। पर धार्मिक कृत्य ही हिन्दू धर्म की विशिष्टता नहीं हैं। सभी मनुष्य कर्मकाण्डी होते हैं।

कर्मकाण्ड मुख्य रूप से एक भाषा है, यह सम्पर्क साधने का एक औपचारिक संयोजित भाव है। हिन्दू धर्म में इसका विशिष्ट स्थान है। वैदिक यज्ञ में निराकार देवता का आह्वान किया जाता है। अगमिक पूजा में देवता को मूर्ति में देखा जाता है और उनके साथ अतिथि की तरह व्यवहार किया जाता है—उन्हें आमन्त्रित किया जाता है, नहलाया जाता है, कपड़े पहनाये जाते हैं, खिलाया जाता और पूजा की जाती है। यहाँ हर चरण के संस्कार होते हैं जैसे विवाह, जन्म और मृत्यु। कुछ उत्सव और त्योहार वार्षिक तौर पर मनाये जाते हैं। कुछ व्रत और नियम ख़ास दिनों पर रखे जाते हैं। इनमें कुछ ज़रूरी हैं और बाक़ी स्वेच्छा से किये जाते हैं। कुछ कर्मकाण्ड सूर्य और चन्द्रमा की गतिविधि से सुनिश्चित होते हैं तो कुछ अनियोजित। कर्मकाण्ड रंग और सुगन्ध, भाव और गीत, कहानियाँ और प्रस्तुतियाँ, खाना और संगीत और वस्त्रों से शोभित होते हैं। ये हिन्दू धर्म की अभिव्यक्ति करते हैं। इनके बिना हिन्दू धर्म को देखा, सुना, सूँघा, छुआ या अनुभव नहीं किया जा सकता।

कर्मकाण्ड के तीन तरीक़ों में से एक वह है जिससे एक पीढ़ी से दूसरी तक विचार सम्प्रेषित होते हैं, बाक़ी दो तरीक़े कहानियाँ और प्रतीक हैं। कर्मकाण्ड का सम्प्रेषण, उसकी समझ से अलग होता है। भले वो आपको युक्तिसंगत लगे या न लगे भावी पीढ़ी की भलाई के लिए आप उसका पालन करते हैं जिसे शायद वो सार्थक लगे। यान्त्रिक तौर पर, बिना कुछ समझे हुए भी ये कर्मकाण्ड हमें एक समुदाय से जोड़ते हैं। उदाहरण के लिए नमाज सारे मुस्लिम समाज को एक साथ जोड़ती है। हालाँकि ये कर्मकाण्ड सार्थक लगें या निरर्थक, या लोगों द्वारा इसकी शुरुआत के पीछे के तर्क और अर्थ, विवेकशील मन को सही लगें या ग़लत, इनका पालन करके व्यक्ति अपने आप को एक समुदाय का हिस्सा समझता है।

कर्मकाण्ड धार्मिक और धर्मनिरपेक्ष दोनों हो सकते हैं। उदाहरण के लिए पूजा एक धार्मिक परम्परा है और जन्मदिन का उत्सव धर्मनिरपेक्ष। दोनों का पालन करने के लिए नियमों का एक प्रारूप होता है। कई बार नियम जटिल होते हैं, उदाहरण के लिए, जिस तरीक़े से कैथोलिक प्रीस्ट (पुजारी) रविवार की प्रार्थना संचालित करते हैं वो रोमन पोप द्वारा निर्धारित होती है, और किसी कर्मचारी का जन्मदिन कैसे मनाया जायेगा वो कॉर्पोरेट एचआर विभाग तय करता है।

उन्नीसवीं शताब्दी में हिन्दुओं का बचाव करने के लिए प्राच्यविदों (Orientalist) ने यह विचार आगे किया कि धार्मिक लोक पुरातनपन्थी और बहुत ज़्यादा कर्मकाण्डी हैं जबकि शिक्षित लोक कर्मकाण्डों को नकारता है। कर्मकाण्ड का विचार ईश्वर से सम्बन्धित था। कर्मकाण्ड शब्द का प्रयोग धर्मनिरपेक्ष विचारों जैसे राज्य के विचार में आस्था हेतु संयोजित जन कार्यक्रमों के लिए नहीं होता था। स्वाधीनता दिवस परेड की ही बात लें, वह किसी जयन्ती उत्सव से विभिन्न नहीं है। दोनों ही धार्मिक या धर्मनिरपेक्ष समुदायों की रचना में सहयोग देते हैं। पहला देशभक्ति का भाव जाग्रत करता

है और दूसरा भक्ति का।

वैदिक काल में यज्ञ करना 'कर्म' और 'धर्म' माना जाता था। बाद में कर्म और धर्म शब्द सामाजिक क्रियाओं के लिए प्रयुक्त होने लगे। फलस्वरूप, विवाह, शिशु जन्म और दाह-संस्कार कर्मकाण्डी, ज़रूरी और व्यक्ति को बड़े समाज से जोड़ने की वजह बन गये जिसमें उनके पूर्वज और देवता भी होते थे।

कर्मकाण्ड को एक प्रस्तुतीकरण कला के रूप में देखा जा सकता है। कला की तरह ही, ये आन्तरिक रूप से, शरीर के माध्यम से, संवाद करता है न कि बोलचाल के शब्दों द्वारा। आप उसे महसूस करते हैं, आप उसका अनुभव करते हैं। विवेक शरीर में संवेदनशील अंगों द्वारा प्रवेश करता है और भावनाएँ जगाता है। आप उसे देख सकते हैं—जैसे पूजा देखते हैं। अगर आप एक पर्यटक की तरह निर्लिप्त भाव से इसे देखेंगे तो ये आपके भीतर वो प्रतिक्रिया नहीं पैदा करेगा जैसी उसके भीतर होगी जो इस कला को पूरी तरह अपने ऊपर हावी कर लेता है। कुछ ऐसा ही संग्रहालय में होता है : कुछ लोगों पर कला का प्रभाव पड़ता है क्योंकि कला के प्रति वो संवेदनशील हैं, जबकि बाक़ियों को इसमें कुछ ख़ास नज़र नहीं आता।

कर्मकाण्ड किसी आयोजन के दौरान समय को पाटने का काम करते हैं ताकि मन क्रियाकलाप में उलझा रहे और ऊबे न। इसी वजह से समुदायों में दैनिक, साप्ताहिक और वार्षिक प्रार्थनाएँ और त्योहार होते हैं जिनमें सबको शामिल होना होता है। यह प्रतिबद्धता परिवार और समाज के साथ समय बिताने को एक आकार देती है। यह पुनरावृति लय रचती है। हिन्दुओं के लिए त्योहार के जुलूस समुदाय को जोड़ते हैं और एक ख़ास समय में कुछ करने की आशा को सम्भव करते हैं। इसलिए अगर वर्षा से पहले का समय शिवरात्रि और होली के लिए निश्चित है तो वर्षा के बाद का समय दिवाली और दशहरा के लिए। वर्षा से पहले शिवरात्रि और होली होती है और वर्षा के बाद

दिवाली और दशहरा।

कर्मकाण्ड, अभिभूत करने वाले और दमनकारी दोनों हो सकते हैं जब वो स्वतन्त्र इच्छा से न होकर उत्तरदायित्व की तरह हों। आज़ाद ख़याल वालों के लिए तो ये यातना है। कुछ लोग इनसे बचते हैं तो कुछ इनमें आनन्द लेते हैं। जो लोग मज़बूत सामुदायिक स्थिति में रहना चाहते हैं उनके लिए कर्मकाण्ड बहुत महत्त्वपूर्ण हैं, ये उन्हें-परिवार, जाति, समुदाय का हिस्सा बनाते हैं। अगर हम मनुष्य हैं, हम समाज में दूसरे लोगों के सम्पर्क में रहना चाहते हैं, अगर हम महसूस करते हैं कि जीवन का एक प्रारूप है और वो पूर्वानुमानित है तो हमें कर्मकाण्डों की ज़रूरत है।

17

हिन्दू मूर्तिपूजा क्यों करते हैं?

ईश्वर को कोई स्वरूप देना और ईश्वर के किसी स्वरूप को छीन लेने के बीच का तनाव काफ़ी पुराना है। हमें यह प्रश्न करने की ज़रूरत है कि किसने ये नियम बनाये कि हिन्दू या अन्य कोई भी कैसे पूजा करेगा। कहाँ से मूर्तिपूजा की प्राचीन परम्परा पर भवें चढ़ाने का विचार आया?

अब्राह्मी मिथ्या ईश्वर को कोई भी स्वरूप देने की कोशिश से चिढ़ता है, बाइबल मूर्ति प्रथा की भर्त्सना करता है क्योंकि उनके अनुसार यह नक़ली धर्म का प्रतीक है।

भारत के मुस्लिम शासक भी मूर्तिपूजा नापसन्द करते थे। हालाँकि मन्दिरों पर उनके धावे मुख्यत: राजनीतिक कारणों और आर्थिक फ़ायदे (मन्दिर में ढेरों ख़ज़ाना होता था) के लिए थे, लेकिन अपने आक्रमण को-नास्तिक मूर्तिपूजकों की ख़िलाफ़त बता न्यायोचित ठहराते थे। इस्लाम के प्रभाव की वजह से कई हिन्दू निर्गुण-निराकार को सगुण-साकार के मुक़ाबले ज़्यादा वरीयता देते थे। इसलिए कुछ भक्त ईश्वर के नाम को एक अमूर्त अस्तित्व देते थे तो कुछ राम, कृष्ण, काली के नाम से एक स्पष्ट पहचान ईश्वर को देते थे।

उन्नीसवीं शताब्दी में जब भारत पर अंग्रेज़ों का अधिकार हो गया, तो हिन्दुओं को मूर्तिपूजा के लिए सफ़ाई देने को बाध्य किया गया। इसलिए कई हिन्दू सुधारकों ने यहाँ तक कहा कि असली हिन्दू धर्म में (जिससे उनका मतलब वेद से था) में मूर्तिपूजा नहीं थी। मूर्ति पूजा बाद के दिनों का अपभ्रंश है। हालाँकि कई हिन्दू परम्परावादी इस विचार को नहीं मानते।

मूर्तिवाद चीज़ों को शब्दश: लेता है न कि उसके लक्षणों को, निराकार विचार और अर्थ से ज़्यादा उस शब्द और प्रतीक पर ज़ोर देता है जिसमें आकार या रूप है। एक विचार किसी रूप (शब्द, प्रतीक, कहानी, परम्परा) के द्वारा ही बताया या समझाया जा सकता है। लेकिन जब माध्यम, विषयवस्तु से ज़्यादा महत्त्वपूर्ण हो जाये, जब आकार, विचार से बड़ा हो जाये, तब मूर्तिवाद की शुरुआत होती है। हमें मूर्ति (शब्द, प्रतीक, कहानी, परम्परा) की ज़रूरत संवाद की ख़ातिर होती है। पर हमें माध्यम और विषयवस्तु के बीच विभेद करने की आवश्यकता है। हर सभ्यता चरमराती है जब माध्यम को विषयवस्तु के बदले अक्षरश: लिया जाता है। जो माध्यम की शाब्दिकता पर जाते हैं वे कट्टरवादी कहलाते हैं; वो इसमें छिपे विचार की परवाह नहीं करते। इसलिए वो मूर्ति को भगवान की तरह देखते हैं न कि ईश्वर को व्यक्त करने के एक ठोस विचार के समान।

उदाहरण के लिए, हर साल, मुम्बई में लोग गणेश जी की मिट्टी की मूर्ति घर लाते हैं और समुद्र में विसर्जन करने से पहले, कुछ दिनों के लिए उनकी पूजा करते हैं। यह परम्परा हमारे जीवन की क्षणभंगुर प्रकृति से परिचय करवाती है—यहाँ तक कि भगवान भी आते और जाते हैं, उनका निर्माण और विनाश होता है। इस परम्परा में, उन्हें विदा करने से पहले उनकी आराधना, उनका स्वागत करना, नहलाना, खाना खिलाना, कपड़े, सुगन्ध, अगरबत्ती और महिमा गुणगान करना शामिल हैं। इसलिए ईश्वर को एक प्रमुख अतिथि की तरह देखा और

समझा जाता है। इस प्रक्रिया में ध्यान भी शामिल होता है। त्योहार के दौरान गणपति का नाम जपा जाता है और कहानियाँ सुनाई जाती हैं ताकि हमारे भीतर जीवन, मृत्यु, अस्तित्व, सम्पत्ति, सत्ता, अस्थायी रिश्ते, दु:ख, मुक्ति, सफलता, सुख के विचार भरें। हम अपनी इच्छाएँ प्रकट करते हैं और उम्मीद करते हैं कि भगवान उन्हें पूरा करेंगे। इस प्रकार हम अपने से बहुत बड़ी शक्ति से जुड़े हुए हैं। साथ-साथ इन कर्मकाण्डों के कारण हम अपने मित्रों, परिवार के साथ जुड़ते हैं और मांगल्य की अनुभूति करते हैं जिससे घर में सकारात्मक ऊर्जा उत्पन्न होती है। हमें एहसास होता है कि जीवन कितना क्षणभंगुर है और हम कितने सौभाग्यशाली हैं कि हमारा जीवन अच्छा है। दर्शन के दौरान, हाथी के सिर और स्थूल शरीर में हमें पृथ्वी की शक्तियाँ जिनसे धन और शक्ति अर्जित होती है, का आभास होता है। साथ-साथ ये भी कि यह कितनी अस्थायी हैं, कैसे शिव को भी मानवता की भलाई के लिए गृहस्थ बनना पड़ा। इसलिए मूर्तियों से जुड़े कर्मकाण्ड, हिन्दू विचार को परिष्कृत कर हमें हिन्दू धर्म से जोड़ते हैं, जो एक नीरस भौतिकवादी जीवन में एक क्षण रुककर अपने अस्तित्व और संसार में अपनी भूमिका के बारे में सोचने का बदलाव-सा है।

एक बाहरी इसे मूर्तिवाद की तरह देखेगा। हर कर्मकाण्ड और प्रार्थना वो किसी भी धर्म की हो, आख़िरकार एक बाहरी को मूर्तिवाद ही लगेगी। वह चाहे सूली पर लटके ईसा के चित्र के आगे झुकना हो या मक्का में क़ाबा के चारों तरफ़ परिक्रमा करना, या मीनार के सामने गाना, या पालकी में गुरु ग्रन्थ साहिब को ले जाना, या ढोल की थाप पर जंगल में नाचना। पर जो यह सब कर रहा है और कर्मकाण्ड में डूबा हुआ है जीवन और अस्तित्व के व्यापक विचार में अपने पूर्वजों द्वारा स्थापित मूर्त वाहनों के माध्यम से तल्लीन है।

वेदों में ईश्वर मन्त्रों में माध्यम से निहित थे। उनका कोई भौतिक स्वरूप नहीं था। एकमात्र स्वरूप ध्वनि थी। जैसे-जैसे वैदिक विचार

फैले वह लोगों की क्षेत्रीय आस्था से घुले-मिले, जो धरती की उर्वरता को नाग और यक्ष के रूप में पूजते। और यहाँ तक कि भगवान (भूत, देव) जो पानी में, पहाड़ों, चट्टानों और गुफाओं में रहते, उनकी भी पूजा करते। सबसे पहले मन्दिर पेड़ों के झुरमुट, नदी के पास के पत्थर या पहाड़ की चोटियाँ थीं। बाद में मूर्तियों का निर्माण देवता के लिए किया जाने लगा। फिर पत्थर, मिट्टी या धातु पर मूर्तियाँ उकेरी जाने लगीं। भगवान मनुष्यों की तरह दिखने लगे, पर कई बार उनके अनेक सिर और हाथ होते, कभी कुछ हिस्सा पशु का, कभी कुछ हिस्सा पक्षी का। कल्पना की कल्पनासृष्टि में अभिव्यक्ति होने लगी। आगम साहित्य में विस्तृत निर्देश हैं कि किस तरह मन्दिर में मूर्ति की स्थापना होनी चाहिए और कर्मकाण्डों द्वारा उनकी प्राण प्रतिष्ठा की जानी चाहिए। ये सब आस्था के वाहन हैं। उस छवि और कर्मकाण्ड में एक कथा होती है जो मनुष्य को वेदों में छिपे अनन्त रहस्य को ढूँढ़ने में सहायता करती है। वह जीवन में ईश्वरीय आलोक को लाने में मददगार होती है।

अब्राह्मी आस्था मूर्ति और चित्रों से असहज है। कैथोलिक धर्म ही एक अपवाद है जहाँ ईश्वर को वृद्ध पुरुष की तरह देखते हैं और कला के माध्यम से स्वर्ग, नरक, पैगम्बर, एंजेल और राक्षसों को दिखाया जाता है। लेकिन प्रोटेस्टेंट इस कला को नकारते हैं। मुसलमानों को पैगम्बर के चित्र दिखाने की मनाही है, पर मध्यकालीन फ़ारस में उन्हें नक़ाबपोश कर कुछ कलाकारों ने यह कोशिश की। लेकिन ईश्वर को कला के माध्यम से अभिव्यक्त करने की मानवीय इच्छा का दमन नहीं हुआ है। मानवीय स्वरूप की जगह इस्लामी कलाकार कैलीग्राफ़ी और स्थापत्य कला के माध्यम से ईश्वरीय आलोक को दर्शाने लगे। कुछ ने संगीत के माध्यम से निराकार रूप देने की कोशिश की। हिन्दू धर्म में कोई पाबन्दी नहीं है—देवत्व की अभिव्यक्ति प्रकृति, कलाकृतियों, पेड़ों, पशुओं, मनुष्यों और विलक्षण

जीवों के द्वारा की जाती है।

अब्राह्मी धर्म मानव कल्पना से घबराते हैं और इन पर नियमों और कला पर निषेध द्वारा पाबन्दी लगाते हैं। मानव कल्पना पर नियन्त्रण की प्रवृत्ति और देवत्व की सम्पूर्ण अभिव्यक्ति पर पाबन्दी धीरे-धीरे हिन्दू धर्म में भी आ रही है जो कट्टरपन्थियों द्वारा कलाकारों पर प्रहार में लक्षित होती है। जो भी ईश्वर की अभिव्यक्ति को नियन्त्रित करने की कोशिश करता है वो ईश्वर को संकीर्ण दायरों में सीमित करता है। हिन्दू मनीषी जानते थे कि ईश्वर की क्षमता अनन्त है और उनकी अनन्य अभिव्यक्तियाँ हैं। हम अन्तहीन को कृत्रिम और प्राकृतिक स्वरूपों की सीमितताओं से भी पा सकते हैं—राम, कृष्ण और दुर्गा की प्रतिमूर्ति को अज्ञानी मूर्तिवाद कहते हैं।

18

क्या हिन्दू लिंग पूजा करते हैं?

क्या ईसाई मृत शरीरों और यातना देने वाले औज़ारों की पूजा करते हैं क्योंकि जीसस को क्रॉस पर लटकाया गया था और क्रॉस या सूली रोमवासियों का यातना देने वाला औज़ार था। प्रत्येक कैथोलिक इस छवि को अपने मसीहा की तरह देखता है जो पापों का नाश करने के लिए मरे। एक ग़ैर-कैथोलिक इसे अलग नज़रिये से देखता है। कौन सही है? आस्थावान या आस्थाहीन।

ज़्यादातर हिन्दू शिवलिंग को लिंग की तरह नहीं देखते, पर कुछ शिक्षाविद् ऐसे देखते हैं। किसका विचार सही है? शिवलिंग के रहस्य को समझने के लिए हमें संकेत और प्रतीक के बीच के फ़र्क़ को समझना होगा। एक प्रतीक के कई मायने होते हैं, पर एक संकेत का एक ही अर्थ होता है। प्रतीक का अर्थ सन्दर्भ पर निर्भर करता है और उसे कर्मकाण्ड और कहानी के सन्दर्भ में अन्य प्रतीकों, जो उससे साम्य या विरोध रखते हैं उनके तुलनात्मक और विरोधी सन्दर्भ में समझा जाना चाहिए।

हिन्दू धर्म में दो सशक्त धारणाएँ हैं : योनिजा और अयोनिजा। योनि का अर्थ है गर्भाशय। योनिजा का अर्थ है वह जिसका जन्म गर्भाशय से हुआ हो। ऐसे जीव का पिछला जन्म होता है : यह बीज

का फल है। अयोनिजा का अर्थ वह जिसका जन्म योनि से न हुआ हो। ऐसे जीव का पिछला जन्म नहीं होता : यह बीज का फल नहीं है। यह स्वयं उत्पन्न हुआ, स्वयंभू है। योनिजा संसार का हिस्सा होते हैं और इनका एक कार्मिक चक्र होता है : अन्तरिक्ष और समय के नियमों के अनुसार इनका जन्म और मृत्यु भी होती है। अयोनिजा या स्वयंभू संसार और कार्मिक चक्र का हिस्सा नहीं होते : वे हमेशा विद्यमान रहते हैं, ये अन्तरिक्ष और काल से परे होते हैं।

शिवलिंग, स्वयंभू का प्रतिरूप है। शिवलिंग पर ऊपर से गिरता पानी और उसके चारों तरफ़ का कुण्ड जिसमें पानी एकत्र होता है, वो मूर्तरूप है योनि पात्र या शक्तिपीठ का, जो देवी का स्थान होता है, जन्म और मृत्यु का संसार। शिव मन्दिर प्रतीकात्मक रूप से हिन्दू धर्म के दो मूलभूत सिद्धान्तों को प्रकट करता है : एक तो समय सीमा में बँधे संसार की पुनरावृत्ति का (प्रकृति, शक्ति, माया) और दूसरा आत्मा का अनन्त स्थिर संसार (पुरुष, शिव, ब्राह्मण)। ये विचार वेदों में मिलते हैं, उपनिषदों में विस्तृत होते हैं और पुराणों, तन्त्रों, आगमों में इन्हें आकार और स्वरूप मिलता है।

लिंग पूजा कई पुराणों में वर्णित है। और सामान्यत: बहुप्रजनन से सम्बन्धित है (ज़्यादा बच्चे, ज़्यादा फ़सल, ज़्यादा पशुधन)। इसका प्रयोग बुरी आत्माओं को दूर भगाने, डराने के लिए किया जाता है, काफ़ी हद तक उस तरीक़े से जिसमें लोग लिंग शब्द का प्रयोग गालियों के तौर पर करते हैं। प्राचीन मिस्र में, मिन प्रजनन देवता थे, हर्मीज़ और पैन की उभरे लिंग की छवि का प्रयोग खेतों में चौहद्दी अंकित करने में होता था। आज भी अगर आप भूटान जायें तो लिंग मूर्तियाँ सड़कों पर बिकती हुई दिखेंगी। अच्छी किस्मत का प्रतीक मानी जाने वाली इन मूर्तियों को बुरी नज़र दूर करने के लिए प्रयोग किया जाता है।

हिन्दू शिवलिंग को पूजते हैं। पुराणों में शिवलिंग को शिव के

उभरे लिंग की तरह वर्णित किया गया है। ख़ासकर सोमवार के दिन अच्छे वर के लिए अविवाहित लड़कियों द्वारा शिवलिंग की पूजा की जाती है। शिव को कामसूत्र का स्रोत माना गया है और कालिदास के संस्कृत काव्य, 'कुमारसम्भव', जो शिव के पुत्र के जन्म पर आधारित है, में उन्हें रत्यात्मक दिखाया गया है। इसलिए यह कहा जा सकता है कि शिव रत्यात्मक देवता हैं और हिन्दू लिंग पूजन करते हैं। शिव को जो बात रहस्यमयी बनाती है, वह यह कि वे महान वैरागी हैं, जो संन्यास और तपस्या से सम्बन्धित हैं। ये दोहरा व्यक्तित्व उन्हें रहस्यमयी बनाता है। पश्चिम में, जहाँ की विचारधारा अविवाहित ईसा, वर्जिन मेरी और ईश्वर जिनका कोई साथी नहीं, पर आधारित है वहाँ के लिए वह ईश्वर जो रत्यात्मक हैं और लिंग रूप में प्रदर्शित हैं, यह विचार काफ़ी उत्तेजित करता है। पर ये उस प्रतीक की काफ़ी छिछली समझ है जो बृहद् हिन्दू दर्शन के साम्य नहीं है।

शिवलिंग का प्रजनन से कोई सम्बन्ध नहीं है। असल में शिव को 'संहारक' कहा जाता है। हमें ये प्रश्न करना चाहिए : हिन्दुओं ने संहारक को दर्शाने के लिए लिंग के प्रतीक का चयन क्यों किया जो पारम्परिक तौर पर उर्वरता का प्रतीक है? शिव को प्रजनन देवता कहना, परिष्कृत दर्शन को न समझ पाने को व्यक्त करता है।

पारम्परिक तौर पर हिन्दू धर्म में दो मार्ग हैं : बाह्य मार्ग (प्रवृत्ति) और आन्तरिक मार्ग (निवृत्ति)। बाह्य मार्ग गृहस्थों के लिए और आन्तरिक मार्ग साधुओं के लिए है। गृहस्थ शादी करता है पर संन्यासी नहीं। गृहस्थ अपने वीर्य को गर्भाशय में गिराता है—गर्भाशय उसकी स्त्री का होता है और वह रचना करता है। संन्यासी विवाह नहीं करता और वैराग्य एवं तपस्या की वजह से उसके वीर्य का पतन नहीं होता। असल में उसके वीर्य का उलटा प्रवाह होता है जिसे तान्त्रिक किताबों में ऊर्ध्व-रेतस कहते हैं, जिसे साधु की बन्द आँखों और उभरे लिंग से दर्शाया जाता है। वे उत्तेजित हैं, पर अपनी बाहरी संवेदनशील प्रेरणा

से नहीं बल्कि आन्तरिक शक्ति और बोध से। शिव वो संन्यासी हैं जिन्हें देवी गृहस्थ बनने को प्रेरित करती हैं। शिव पुराण में, सती और पार्वती से उनके विवाह, गंगा से उनके मिलन, उनके पुत्र कार्तिकेय (जिसे तमिलनाडु में मुरुगन) और गणेश के जन्म का उल्लेख है। यह विचार शिवलिंग में योनि पात्र के साथ प्रदर्शित किया गया है।

सोमवार चन्द्रमा से सम्बन्धित है, वह ग्रह जो भावनाओं और प्रेम से सम्बन्धित है। अविवाहित लड़कियाँ सोमवार को शिवलिंग की आराधना इस उम्मीद से करती हैं कि पार्वती की तरह वे भी एक वैरागी को गृहस्थ बना लेंगी और उन्हें अच्छा पति मिलेगा, जो शिव की तरह दयालु, समर्पित और ध्यान रखने वाला होगा।

शक्ति का संसार, नाम और रूप का है। शिव, नाम और रूप दोनों से परे हैं। वे आत्मा के परिचायक हैं इसलिए उनकी कोई एक विशेषता नहीं है। वे निराकार और निर्गुण हैं। तो कोई निराकार को कैसे पूजेगा? ऐसा करने के लिए किसी ऋषि ने नदी में से एक पत्थर उठाया होगा (जिसे बहते पानी ने तराशा होगा), उसे मिट्टी में खड़ा कर उसकी पूजा की होगी या सिर्फ़ मिट्टी का टीला नदी किनारे खड़ा कर पूजा होगा। यह शिव पिंड या शिवलिंग बना, निराकार का रूप, एक लिंग का अ-लिंग, एक आस्तिक यही देखता है। और यही मायने रखता है।

19

हिन्दू दीप क्यों प्रज्ज्वलित करते हैं?

हिन्दू धर्म में दीप जलाने की प्रथा, जिसे आधुनिक सन्दर्भों में इतना महत्वपूर्ण माना जाता है, उसकी जड़ें वैदिक धर्म में नहीं हैं। पौराणिक हिन्दू धर्म में इनका प्रवेश ग़ैर-वैदिक हिन्दू धर्म से हुआ जिसके बारे में हमें बहुत कम जानकारी है।

हिन्दू धर्म चाहे वैदिक हो या पौराणिक उसकी एक मुख्य विशेषता देवी या देवता को भोग के लिए निमन्त्रित करना, फिर फलस्तुति की कामना कर उनका विसर्जन करना है।

वैदिक हिन्दू धर्म में ईंटों से बने अग्निकुण्ड में लकड़ी जला कर ये आह्वान किया जाता था। आग को अग्नि कहते जो देवताओं का मुख होती थी। भोग, घी के रूप में मंत्रोच्चारण के साथ अर्पित किया जाता। वृक्ष, पर्वत, पत्थर, नदियों, यक्षों, नागों की पूजा करने वाले सामान्य जनों के बीच यह आम प्रथा थी।

लेकिन दो हज़ार वर्ष पूर्व प्रारम्भ हुए पौराणिक हिन्दू धर्म में ईश्वर का अस्तित्व अमूर्त नहीं रह गया। उनका मूर्त स्वरूप और चढ़ावा समझ आने लगा : जिसमें अभिषेक, वस्त्र, नैवेद्य, गन्ध, धूप

और दीप अर्पित होने लगा। यहाँ अग्नि की स्तुति इसलिए नहीं की जाती कि वो घी का उपभोग करती है या उससे गर्मी उत्पन्न होती है बल्कि इसलिए क्योंकि वह प्रकाश पैदा करती है। शाम में लोगों को दीप जलाने के लिए इसलिए प्रेरित किया जाता जिससे यात्रियों को आश्रय दिख सके। आज भी लोगों को शाम में दरवाज़े के पास दिया जलाकर रखने को कहा जाता है ताकि लोग रास्ता ना भटकें।

दीप इंगित करता था कुम्हार की उपस्थिति को जो मिट्टी के दीये बनाता था, धनिकों के यहाँ यह धातु के भी दिये होते, फिर तेली तेल देता, ग्वाला घी दे जाता और किसान बाती के लिए रुई। दूसरे शब्दों में दीया, संस्कृति का और उसे प्रज्ज्वलित करना समृद्धि और दूसरों का ख़याल रखने का प्रतीक था। भव्य मन्दिरों की छतों पर जलते दीये स्थानीय राजा और देवता की भव्यता को अभिव्यक्त करते थे। महाराष्ट्र में ऐसे ख़ास स्तम्भ हैं जिनमें पत्थरों के दीये ख़ास त्योहारों पर प्रज्वलित कर अग्नि स्तम्भ की पुनरावृत्ति का प्रयास किया जाता है ज़िसमें से शिव संसार के सामने प्रकट हुए थे। कला में ईश्वर को हथेली में अग्नि लिए हुए और उनके बालों से अग्नि निकलती हुई दिखाई जाती है।

घरों में गृहस्वामिनी दीये प्रज्वलित करती जो यज्ञशाला में ब्राह्मणों द्वारा जलायी जाने वाली अग्नि से अलग होती और वह संन्यासियों की धूनी से भी बहुत अलग होती थी। धूनी में वेदी नहीं होती जो इसकी जंगली प्रकृति को प्रकट करता है। यज्ञशाला की अग्नि गृहस्थी का संकेत थी। दीया, सार्वजनिक से निजी में विस्थापन का संकेत करता है, यह बाद के हिन्दुओं की व्यवस्थित ग्रामीण कृषि जीवनशैली में वृद्धि का भी परिचायक था जो प्रारम्भिक हिन्दुओं की बंजारा जीवनशैली के विपरीत थी।

दार्शनिक तौर पर, मनुष्य ही ऐसा प्राणी है जो अग्नि को नियन्त्रित करता है। धूनी से यज्ञशाला अग्नि और फिर दीप लक्ष्मी तक की यात्रा

संस्कृति की अभिवृद्धि को प्रकट करती है। ये सम्पन्नता और समृद्धि की भी यात्रा है। इसलिए दीप प्रज्ज्वलन वैभव और शक्ति का प्रतीक था। इसलिए उत्सव के दौरान ये नियमित रूप से जलाये जाते थे। घरों की दीवारों पर भी दीये जलाये जाते। उत्सवों में नावों पर और तालाबों, नदियों में दीये तैरने के लिए छोड़े जाते। आकाश में कंदील या आकाशदीप जलाये जाते। दिवाली के दिन दीयों का जलना, वर्षा का अन्त और नववर्ष का आगमन इंगित करता है। दीयों से भगवान का घर में स्वागत किया जाता। ख़ासतौर पर राम और धन की देवी लक्ष्मी का।

इसीलिए अग्नि माइथोलॉजी में ख़ास भूमिका अदा करती है। यह वो क्षुधा है जो तृप्त करती है; वो ऊष्मा है जो राहत देती है और वो ज्ञान है जो प्रबुद्ध करता है।

20

क्या हिन्दू प्रार्थना, इस्लामी और ईसाई प्रार्थना से अलग है?

हिन्दू प्रार्थना, इस्लामी और ईसाई प्रार्थना से काफ़ी अलग है और सिख, बौद्ध और जैन प्रार्थना से भी। वैश्विक मिथकीय दृष्टिकोण में प्रार्थना का अस्तित्व है, और वैश्विक दृष्टिकोण के अनुसार प्रार्थना की प्रकृति भिन्न होती है।

उदाहरण के लिए, बौद्ध और जैन एक सर्वशक्तिमान ईश्वर की धारणा, जो इस्लाम, ईसाई और सिख धर्म में मिलती है, को नहीं मानते। तो ये स्वाभाविक है कि एक बौद्ध प्रार्थना, ईसाई, मुस्लिम और सिख की प्रार्थना से अलग होगी। ईसाई, मुस्लिम और सिख एक सर्वशक्तिमान, निराकार ईश्वर में विश्वास रखते हैं। इनकी प्रार्थनाओं का उद्देश्य ईश्वर को स्वीकारना एवं उनकी महानता और अलौकिकता के आगे नतमस्तक होना है।

ईसाई धर्म का एक और उद्देश्य है अपने अपराधों के लिए क्षमा माँगना, ये धारणा इस्लाम में नहीं मिलती। इस्लाम में प्रार्थना इस बात को बार-बार दोहराती है कि अल्लाह से बढ़कर कोई नहीं है। सब कुछ अल्लाह की वजह से ही है। सिख धर्म में प्रार्थना एक निराकार

ईश्वर को स्वीकारती है, जिसके लिए सभी प्राणी एक समान हैं, यहाँ हिन्दू धर्म की तरह कोई सामाजिक असमानता नहीं है। सिख अपने गुरु को उसी तरह मानते हैं जैसे मुस्लिम अपने पैगम्बर और ईसाई, यीशु (ईश्वर पुत्र) को जो सबको ईश्वर के पास ले जायेगा।

इन सभी प्रार्थनाओं में समानता और एकरूपता है, सभी एक मत का हिस्सा हैं और एक ढंग से प्रार्थना करते हैं। किसी भी अलग तरीक़े की अनुमति नहीं होती। चर्च, मस्जिद और गुरुद्वारा वो जगहें हैं जहाँ सभी आस्तिक इकट्ठा होकर एक साथ, एक तरीक़े, एक संस्कार का पालन करते हुए प्रार्थना करते हैं। यह ईश्वर के समक्ष समानता और सर्वशक्तिमान के आगे झुकने का भाव उत्पन्न करता है।

बौद्ध धर्म में किसी देवता की प्रार्थना नहीं की जाती। इनका उद्देश्य मन और चित्त की स्थिरता, ध्यान केन्द्रित करना और निर्विकार की ओर यात्रा करना है। यहाँ प्रार्थना, ध्यान की प्रक्रिया है जो बौद्ध धर्म का अहम हिस्सा है। कुछ बौद्ध मठों में आदि बुद्ध या सनातन बुद्ध की उपासना होती है, जो सुखावटी के पवित्र देश में रहते हैं और सम्पूर्ण मानवता पर अवतिलोकेश्वर बोद्धिसत्व या सभी मानवों में बुद्ध चित्त की तरह विद्यमान रहते हैं। इस तरह यहाँ प्रार्थना, बुद्धिमान गुरु, या विवेक की होती है किसी ईश्वर की नहीं।

जैन धर्म में महान तपस्वियों, गुरुओं की पूजा होती है जो एक जैन की शुद्धीकरण की निजी यात्रा में सहायक होते हैं। हर व्यक्ति अपने तरीक़े से प्रस्तावित विधियों और परम्पराओं से आराधना करता है। कुछ ख़ास प्रार्थनाओं में प्राचीन धार्मिक पुरुषों, जैसे अर्हत और तीर्थंकर का महिमामण्डन किया गया है। लेकिन इनमें कोई एक सर्वशक्तिमान ईश्वर नहीं होता जो संसार में नियम बनाते हों या लोगों की नियति निर्धारित करते हों। मन्दिरों में स्थापित ईश्वर और गुरु वो हैं जो इस संसार में हमें अपना रास्ता तय करने में मदद करते हैं जो कि एक अवैयक्तिक अनन्त और शाश्वत अस्तित्व है जिसके अपने

नियम और क़ायदे हैं।

कुछ हिन्दू कहेंगे कि प्रार्थना अपने आप में सम्पूर्ण है। यह कर्मयोग है। बाक़ी कहेंगे कि प्रार्थना से ज़्यादा उसका भाव महत्त्वपूर्ण है। यह भक्तियोग है। कुछ कहेंगे कि प्रार्थना के शब्दों का अर्थ महत्त्वपूर्ण है जो संसार के सत्य को उजागर करता है। यह ज्ञानयोग है।

हिन्दू प्रार्थना का उद्देश्य देवता का आह्वान करना, उनकी आरती उतारना और फलस्तुति की कामना करना है। ईश्वर को व्यक्तिगत रूप से सम्बोधित किया जाता है—उनके स्वरूप, उनके गुणों, उनके रोमांचक अनुभवों को दोहराया जाता है। प्रार्थना अपील की तरह लगती है, क़रीब-क़रीब लेन-देन जैसी, देवता का प्रशंसा गायन जिसमें वो सभी दुखियारों की मदद करते हैं, जिसके बाद भक्त मन की शान्ति और समस्याओं का निदान माँगते हैं। हिन्दू प्रार्थना में ग़लती स्वीकारने की कोई धारणा नहीं है, हालाँकि भक्त ईश्वर से चाहे तो माफ़ी माँग सकता है, अपनी ग़लती और शर्मिन्दगी छुपाने के लिए यह उसके कर्मों से छुटकारे की गारंटी नहीं देता। विभिन्न शक्तियों जैसे ग्रहों, नक्षत्रों, दिशाओं से जीवन परिस्थितियों को सुधारने और बुरी ताक़तों को दूर रखने की प्रार्थना की जाती है।

अलग-अलग देवताओं की अलग-अलग प्रयोजन और अवसर पर प्रार्थना होती है—जैसे विद्यालयों में सरस्वती पूजा, बिज़नेस में लक्ष्मी पूजा, राजनीतिज्ञों द्वारा दुर्गा की पूजा। एक ही भक्त अलग-अलग देवताओं की अलग समय, अलग मूड और आवश्यकतानुसार पूजा कर सकता है। एकेश्वरवाद की कोई सनक नहीं है। अपनी सहूलियत के हिसाब से, हर देवता अलग देखा जाता है और हर देवता में देवत्व का वास होता है। ग्राम देवता या कुल देवी-देवता की पूजा एक सामुदायिक भाव का संचार करती है परन्तु गाँव, जाति के बाहर उनकी उतनी सार्थकता नहीं रहती। गंगा के मैदानी इलाक़ों के वैष्णव ब्राह्मणों की परम्पराएँ तमिलनाडु के वैष्णव ब्राह्मणों से अलग होंगी।

वैदिक काल की प्रार्थनाओं की जगह आज सर्वसाधारण में हिन्दी में हनुमान चालीसा ज़्यादा लोकप्रिय है।

कुछ प्रार्थनाएँ मन्दिरों, कुछ घरों, कुछ कभी भी कहीं भी की जा सकती हैं। कुछ विस्तृत मन्त्र हैं जिनका विशुद्ध उच्चारण और माधुर्य होता है। कुछ में ईश्वर का नाम बार-बार जपना होता है। कुछ प्रार्थनाएँ रीति-रिवाज का हिस्सा होती हैं तो कुछ नहीं। कुछ बाह्य देवता के लिए होती हैं। कुछ मन की शान्ति और उस देवता के लिए जो हमारे मन मन्दिर के भीतर वास करता है। घरों में की जाने वाली प्रार्थनाएँ माता-पिता द्वारा बच्चों को संस्कृति का ज्ञान देने के लिए होती हैं। स्वतन्त्रता संग्राम के दौरान भजन और कीर्तन विभिन्न धार्मिक समुदायों और जातियों के सामुदायिक समूह बनाने में सहायक हुए। इसलिए प्रार्थना व्यक्तिगत ज़रूरत के हिसाब से अपनायी जाती हैं, लेकिन पारिवारिक और सामाजिक शक्तियों से भी ये प्रभावित होती हैं।

हिन्दू प्रार्थना विविधतापूर्ण है। वैदिक स्तुति और आगमी प्रार्थना हैं, संस्कृत और प्रादेशिक भाषाओं में भी प्रार्थना हैं। कुछ प्रार्थनाओं में सिर्फ़ रीति-रिवाज हैं कोई शब्द नहीं। कुछ भजन, कीर्तन मण्डलियाँ भी हैं और कुछ मन्दिरों में सिर्फ़ पुजारियों द्वारा की जाने वाली व्यक्तिगत प्रार्थना है। शिव, विष्णु, राम, कृष्ण, दुर्गा, सरस्वती सभी के लिए प्रार्थना है। प्रार्थना का ये बहुआयामी, विविध और गतिशील तरीक़ा, जहाँ आप एक को दूसरे से बदल सकते हैं, हिन्दू धर्म की अनोखी ख़ासियत है।

21

क्या हिन्दू उपनयन संस्कार ईसाई बपतिस्मा के समान है?

बपतिस्मा एक ईसाई संस्कार है जिसके माध्यम से ईसा मसीह को ईश्वर का पुत्र और मानवता का मसीहा स्वीकारा जाता है। दूसरे शब्दों में बपतिस्मा ईसाई चर्च में प्रवेश की स्वीकृति होती है, बपतिस्मा के बिना कोई ईसाई नहीं बनता। उसी तरह परिच्छेदन के बिना कोई यहूदी या मुस्लिम नहीं बनता। यह संस्कार ईश्वर के साथ अनुबन्ध या जुड़ाव का परिचायक है। ईश्वर के साथ इस तरह (अनुबन्ध) का विचार हिन्दू धर्म के स्वभाव से भिन्न है। कोई भी जन्म से हिन्दू होता है।

उपनयन संस्कार को भारत के अलग-अलग हिस्सों में अलग-अलग नाम से जानते हैं : दक्षिण भारत में उपनयनम, उड़ीसा में बरता घरा, गुजरात में जने, महाराष्ट्र और कर्नाटक में मूँजा, बंगाल में पोईटा। पर यह है क्या? यह निर्भर करता है कि यह आप किससे पूछ रहे हैं।

ऐतिहासिक रूप से यह संस्कार वैदिक आर्यों से सम्बन्धित है। कुछ इसी के समान रीति पारसियों में मिलती है जो वैदिक आर्यों की

भारतीय ईरानी प्रशाखा है। विस्तार में नवजोत संस्कार में 72 रेशों का धागा (जो पवित्र ग्रन्थ के 72 अध्यायों के परिचायक हैं) लड़के या लड़की की कमर के चारों तरफ़ तीन बार बाँधा जाता है और आगे और पीछे गाँठ बँधती है। प्रार्थना के बीच दिन में कई बार गाँठ खोली और बाँधी जाती है। बपतिस्मा की तरह, इस संस्कार से पारसी धर्म में प्रवेश होता है जो ईरान (प्राचीन फ़ारस) में इस्लाम धर्म के उदय से पहले फैला। वैसे तो पारसी धर्म की जड़ें वेदों में हैं परन्तु यह धर्म एकरेखीय है (एक जन्म) जो वैदिक आस्था के विपरीत है, जहाँ कई जन्म होते हैं।

वैदिक काल में शायद कोई धागा नहीं होता था। उसकी जगह जो घरेलू संस्कारों के वक़्त बायें कन्धे पर एक कपड़ा होता था और दाह-संस्कार के समय दांयें कन्धे पर। कुछ ब्राह्मण मृगछाल को ऊपरी वस्त्र की तरह इस्तेमाल करते थे और जिस जगह मृग का सिर होता उसे आज ब्रह्म-ग्रन्थी गाँठ कहते हैं। यह ख़ैर अनुमान है, पर विद्वान आश्वस्त हैं कि मध्य युग और आधुनिक समय में यह धागा हिन्दू वस्त्रों का एक प्रमुख हिस्सा बन गया, जब जाति प्रथा ज़्यादा ही जटिल और कठोर हो गयी।

धर्मशास्त्र में स्त्री और पुरुषों के लिए पवित्र संस्कार का उल्लेख है, जो सभी वर्णों के सदस्य के लिए था, सिर्फ़ ब्राह्मण के लिए ही नहीं। कला में देवी-देवताओं के बायें कन्धे पर पवित्र धागा देखा जाता है। कभी-कभी यह जनेऊ रत्नजड़ित होता, जो संकेत करता कि हम सभी का जन्म दुबारा होता है और वैदिक ज्ञान तक पहुँच भी। मध्यकाल में यह सिर्फ़ ब्राह्मण पुरुषों तक सिमट गया और उन्हें हिन्दू जाति पिरामिड के शीर्ष पर स्थापित कर दिया गया।

इस संस्कार में नौ सूती रेशों को मोड़कर तीन धागे बनाये जाते और फिर उनमें गाँठ बाँधकर एक बनाकर दायें कन्धे पर पहना जाता।

यह नौ रेशे ध्वनियाँ हैं—ओम, अग्नि, नाग, सोम, पितृ, प्रजापति, वायु, यम और विश्वदेव। जब इन्हें एकत्रित किया जाता है तो ये तीन देवों-ब्रह्मा, विष्णु, महेश, तीन देवियों-लक्ष्मी, दुर्गा, सरस्वती, ज्ञान की देवी के तीन स्वरूप-गायत्री, सावित्री, शारदा या सरस्वती, तीन प्राथमिक वेद-ऋग, साम, यजुर, तीन प्राथमिक शास्त्र-धर्मशास्त्र, अर्थशास्त्र, कामशास्त्र, तीन योग-काम, भक्ति और कर्म, तीन वैदिक अग्नियाँ-गृहपत्य यानी घर के लिए, मृत्यु के लिए दक्षिणाग्नि, देवता के लिए अवहनिया का प्रतिनिधित्व करते हैं। इकलौती गाँठ ब्रह्मग्रन्थी है जो अनन्त का प्रतीक है। इसलिए प्रतीकात्मक रूप से जनेऊ वैदिक ज्ञान का प्रतीक है।

जनेऊ की पवित्रता बनाये रखी जाती है, शौच और मूत्र विसर्जन के समय कान पर खोंस लिया जाता है और साल में एक बार इसे बदलते हैं। दाह-संस्कार के समय ये दायें कन्धे पर होता है। कुछ ब्राह्मण बचपन से इसे पहनते हैं, और जीवनपर्यन्त, कुछ इन्हें सिर्फ़ वैदिक संस्कारों को करते समय पहनते हैं जैसे विवाह और दाह-संस्कार के समय।

आज भी रूढ़िवादी उपनयन संस्कार को ब्राह्मण पुरुष संस्कार के तौर पर देखते हैं जो जाति ढाँचे में ऊपरी स्तर पर हैं।

जो ज़्यादा रूढ़िवादी नहीं हैं वे इसे सभी बच्चों के वैदिक संसार में प्रवेश का संस्कार मानते हैं जिसमें कोई लिंग, जाति भेद नहीं होता। वर्णक्रम के पारम्परिक अन्त में भी उपनयन संस्कार ब्राह्मण पुरुषों तक सीमित रहने वाला संस्कार है जहाँ उनके गुरु, वेदों के रहस्यों का उद्घाटन करते हैं। उदारवादी इसे बस एक परम्परा की तरह देखते हैं जो बच्चे की औपचारिक शिक्षा की शुरुआत माना जाता है, जहाँ वे अपने भावी जीवन की तैयारी करते हैं। वे वेदों की संकीर्ण परिभाषा का विस्तार कर उसमें सभी ज्ञान, औपचारिक और अनौपचारिक, भौतिक और आध्यात्मिक ज्ञान को सम्मिलित करते हैं। यह संस्कार

एक रास्ता बनता है किसी भी व्यक्ति, लड़के या लड़की, किसी भी जाति के, ज्ञान और शिक्षा के मार्ग पर चलने का। उपनयन संस्कार आपको द्विज या दो बार जन्म लेने वाला बनाता है।

मनुष्य का पहला जन्म माँ की कोख से होता है जबकि दूसरा जन्म मानसिक है जो गुरु द्वारा वेदों के ज्ञान से होता है। उपनयन संस्कार के पश्चात बालक स्कूल जाकर शिक्षा ग्रहण करने के लिए तैयार होता है। विविध तरीक़ों से ब्रह्म उनके मानस का विस्तार करते हैं ताकि ब्राह्मण की खोज हो। ब्राह्मण शब्द का असली अर्थ है—जो अपने मानस का विस्तार कर अनन्त ब्राह्मण को प्राप्त करे।

इन सन्दर्भों को ध्यान में रखते हुए देखें तो उपनयन संस्कार बपतिस्मा के समान नहीं है।

22

हिन्दू जयन्ती (वर्षगाँठ) को पुण्यतिथि की अपेक्षा ज़्यादा प्रधानता क्यों देते हैं?

हिन्दू आनन्ददायी जयन्ती को अधिक वरीयता देते हैं, बजाय कि शोक भरी पुण्य तिथि के। इसका कारण ये है कि हिन्दू, जन्म को मांगलिक और मृत्यु को अमांगलिक समझते हैं। असुर और राक्षसों की मौत देवताओं की जीत होती है, जो शान्ति और सम्पन्नता लाती है इसलिए उसका उत्सव मनाते हैं।

रामायण को महाभारत से ज़्यादा पवित्र इसलिए माना जाता है क्योंकि उसमें राम के जन्म का विवरण है, जबकि महाभारत में कृष्ण जन्म का वृत्तान्त नहीं है। भागवत पुराण को ज़्यादा महत्त्व दिया जाता है जहाँ कृष्ण जन्म का विवरण है। ज़्यादातर हिन्दू पर्व देवताओं के जन्म (राम जन्म, कृष्ण जन्म, हनुमान जन्म, गरुड़ जन्म) या असुर वध (महिषासुर का वध दुर्गा द्वारा, रावण का राम द्वारा, नरकासुर का कृष्ण द्वारा) से सम्बन्धित हैं।

यह ईसाई प्रथा से अलग है जहाँ यीशु की मृत्यु का शोक मनाया जाता है (गुड फ्राइडे) और सन्तों का बलिदान दिवस, या शिया सुन्नियों का पैगम्बर के दामाद के परिवार की मौत का मातम मनाना

(मुहर्रम)। शिया मुस्लिम आज चौदह सौ साल बाद भी इमाम हुसैन की मौत का मातम मनाते हैं। दो हज़ार वर्ष बाद आज भी यीशु मसीह का सूली पर लटकाये जाने का अभिनय किया जाता है। हिन्दू धर्म में शिव, समरान्तका और यमन्तका के नाम से जाने जाते हैं जो मृत्यु को स्मृति से मिटा देते हैं; वे हमें आज़ाद करते हैं, वे हमें इतिहास से बाहर निकालते हैं और अनन्त चित्त से मिलवाते हैं।

सभी धर्मों में सर्व आत्मा दिवस होता है जहाँ जीवित लोग मृतकों को याद करते हैं। हिन्दुओं में पन्द्रह दिनों का पितृपक्ष होता है जहाँ पूर्वजों के लिए संस्कार किये जाते हैं। पर यहाँ एक फ़र्क़ है। ईसाई और इस्लाम में मृतक पापमोचक हैं, उन्होंने अपना भरपूर जीवन जिया और क़यामत के दिन का इन्तज़ार करते हैं। हिन्दू धर्म में मृत्यु के बाद पुनर्जन्म होता है। पर ज़्यादातर हिन्दू धर्म में मौत से सम्बन्ध को दूर रखा जाता है ख़ासकर अगर बाक़ी धर्मों से तुलना करें तो, जहाँ मृत्यु को बहुत महत्त्व दिया जाता है।

इस्लामी और ईसाई परम्पराओं में मौत का महत्त्व है इसलिए मक़बरे और क़ब्र स्मारक बनाये जाते हैं। पारम्परिक तौर पर ज़्यादातर हिन्दू समुदायों में, मृतकों की कोई भी निशानी घर में या आसपास नहीं रखी जाती थी। जिस वस्तु का मृत से स्पर्श हुआ हो वह अशुभ और प्रदूषित मानी जाती थी। बाद में हिन्दू मठ-परम्परा में गुरु का शव दफ़नाकर उसके ऊपर तुलसी का पौधा लगाते थे। वैसे उसकी पूजा नहीं होती परन्तु दफ़नाने की जगह चिह्नित हो जाती। उन्हें दफ़नाया जाता, जलाया नहीं क्योंकि ऐसा माना जाता है कि उन्होंने समाधि ले ली है और उनका पुनर्जन्म नहीं होगा, इस वजह से उनका अन्तिम शरीर शुभ होता है। यह हिन्दू परम्परा शायद बौद्ध धर्म से आती है जिन्होंने दाह-संस्कार के बाद अपने महान गुरुओं के दाँत, बाल और हड्डियाँ सँभाल कर रखीं।

जब मुस्लिम शासकों ने अपने पुरखों के लिए मक़बरे बनवाने

शुरू किये तो कई हिन्दू राजाओं ने भी उस जगह छतरी और मण्डप बनवाने की माँग की जहाँ उनके पूर्वजों को जलाया गया था। उदाहरण के लिए ये प्रथा हमें राजस्थान में मिलती है। आज के समय में भी यह प्रथा चली आ रही है, कि हिन्दू नेताओं के दाह-संस्कार की जगह को दर्शाने के लिए उसी जगह उनकी समाधि बनायी जाती है जैसे महात्मा गाँधी, इन्दिरा गाँधी। दफ़नाने की प्रथा कई हिन्दू समुदायों में है जो ब्राह्मणवाद और जातिवाद को अस्वीकार करते हैं। जयललिता जिन्होंने द्रविड़ आन्दोलन का नेतृत्व किया उन्हें जलाने की जगह दफ़नाया गया।

हिन्दू धर्म में मृत्यु की स्मृति प्रगति, आज़ादी और ज्ञान को रोकती है। यह आपको नीचे गिराती है। मृत्यु का भय सभी प्रकार के मानसिक रूपान्तरों को रचता है जो योग से सुलझाये जा सकते हैं। मृत्यु और उसके भय को जाल में फँसाने की तरह देखा जाता है। इसलिए दाह-संस्कार के बाद पीछे मुड़कर देखने को मना किया जाता है। अतीत को भूलना होता है। इसलिए हिन्दू धर्म बाक़ी धर्मों की अपेक्षा, ऐतिहासिक विवरणों से ज़्यादा आख्यानिक विवरण को महत्त्व देता है।

आजकल दुनिया न्याय की आड़ में बदले की भावना से भरी हुई है, पिछली बुराइयों को याद रखना एक शक्तिशाली राजनीतिक हथियार बन गया है। यह भीड़ को उकसाने और लोगों को जोड़ने का काम करता है। उदाहरण के लिए, साम्राज्यवादी शासन का उल्लेख कर कई देश नैतिक विशिष्टता और राजनीतिक लाभ लेते हैं। युद्ध स्मारक सिर्फ़ शहीदों को याद करने के लिए नहीं होते हैं बल्कि देश के शत्रुओं को भी याद रखने के लिए होते हैं। दलित आन्दोलन, ब्राह्मण आधिपत्य की बात करता है जिसकी वजह से निचली जातियों को सालों से भेदभाव सहना पड़ा। हिन्दुत्व आन्दोलन मुसलमानों के एक हज़ार साल की दासता के दंश के ख़िलाफ़ हिन्दुओं की लड़ाई की

बात करता है इसलिए अतीत की याद, मौत और अत्याचार वर्तमान की संरचना करने में प्रयुक्त होते हैं।

मृत्यु, मानव को उलझा सकती है, यह उसे आगे बढ़ने से रोक सकती है। जन्म, पुनर्जन्म और द्विजन्म (उपनयन संस्कार और गुरु अपनाने के बाद) को अच्छा और अलौकिक मानते हैं। पूर्व दिशा शुभ है जहाँ से सूर्य का उदय होता है। उत्तर की तरफ़ अनुकूलन शुभ होता है क्योंकि वहाँ स्थिर और स्थायी ध्रुवतारा है। पश्चिम सूर्यास्त से सम्बन्धित है और दक्षिण मृत्यु से, इसलिए अशुभ है। पारम्परिक हिन्दू व्यवस्था में अतीत को भूल जाना चाहिए (पश्चिम इसे हिन्दू नकार कहकर मज़ाक़ उड़ाता है) और भविष्य पर ध्यान देना चाहिए। अतीत मृत्यु है और मृत्यु बन्धन है जो मोक्ष को नकारती है।

23

क्या हिन्दू धर्म में तलाक़ की अनुमति है?

कई संस्कृतियों में शादी एक कान्ट्रैक्ट या अनुबन्ध होता है। तलाक़ उस अनुबन्ध को तोड़ना होता है। कैथोलिक चर्च की तरह कुछ ऐसा मानते हैं कि शादी एक पवित्र बन्धन है और इसे कभी भी नहीं तोड़ना चाहिए। बाक़ी इससे असहमत हैं।

हिन्दू धर्म में शादी कोई अनुबन्ध नहीं। नारदस्मृति धर्मशास्त्र (XII, 97), जो एक हिन्दू धर्मपुस्तक है, कहती है कि यदि पति लापता हो जाये, या उसकी मृत्यु हो जाये, या साधु बन जाये, या नपुंसक हो, या जाति से बाहर निकाला गया हो, इन पाँच स्थितियों में स्त्री पुनर्विवाह कर सकती है। कात्यायन कहते हैं कि यदि पति दूसरी जाति का हो, या समान गोत्र का हो, या किसी अपराध का दोषी हो, स्त्री पुनर्विवाह कर सकती है। क्या ये बातें यह सिद्ध करती हैं कि हिन्दू धर्म में किसी बिन्दु पर तलाक़ मान्य था।

हिन्दू विवाह एक संस्कार है, या संस्कार का एक रास्ता है। संस्कार वो हैं जो आपके संसार को एक आकार देते हैं और जीवन को सम्पूर्णता के साथ जीने में सहायक होते हैं। संस्कार में बहुत कुछ सम्मिलित है, जैसे बच्चे के मुण्डन से लेकर अन्नप्राशन, शिक्षा, पूर्वजों का ऋण लौटाना और समाज के प्रति अपना दायित्व पूर्ण करना,

विवाह करके, सन्तानोत्पत्ति कर जो मृत्युलोक में हैं उन्हें जीवलोक में वापस लाकर, दाह-संस्कार द्वारा मृतकों को पूर्वजों के देश में भेजकर।

कई ब्राह्मणों ने इन कर्मकाण्डों और नियमों को क़रीब एक हज़ार वर्षों तक दो सौ ईसा पूर्व से लेकर बारह सौ सन् तक धर्मशास्त्रों में संहिताबद्ध किया। ये नियम मूल रूप से उच्च वर्ग के लिए थे, सभी के लिए नहीं। सामान्य प्रचलन तलाक़ को रोकने का ही रहा है और सिर्फ़ विधुरों को विवाह की अनुमति थी, औरतें विधवा होने पर भी विवाह नहीं कर सकती थीं।

हमें यह ध्यान रखना चाहिए कि हिन्दू धर्म एक बृहद् धर्म यानी जिसे सिर्फ़ उच्च वर्ग तक ही सीमित नहीं रखा जा सकता। नल-दमयन्ती की कथा में जब निर्वासित निषाद राजा नल लापता हो जाते हैं तो, दमयन्ती के पिता एक स्वयंवर का आयोजन करते हैं ताकि दमयन्ती नया पति चुन सके। रामायण में, रावण की विधवा मन्दोदरी अपने देवर विभीषण से विवाह करती हैं और तारा वानरराज बालि की पत्नी, सुग्रीव से विवाह करती हैं।

हमें यह ध्यान रखना चाहिए कि हिन्दू धर्म में विवाह के नियम कुछ शताब्दियों से बदल चुके हैं। उदाहरण के लिए महाभारत में, कुन्ती पाण्डु को विवाह से पहले एक समय के बारे में सूचित करती हैं, जब स्त्री और पुरुष एक-दूसरे को स्वतन्त्रता के साथ चुनते थे। ऋषि श्वेतकेतु ने विवाह के नियम लागू करवाये ताकि बच्चों को पता रहे कि उनके पिता कौन हैं। यह भी स्वीकृति प्रदान करवायी कि नपुंसक पुरुषों की स्त्रियाँ परपुरुष से गर्भ धारण करें, इस विधि को नियोग कहते हैं। इस तरह से तो पाण्डु के बायोलॉजिकल पिता व्यास हैं, पर उन्हें विचित्रवीर्य के पुत्र के रूप में जाना जाता है। महाभारत में, ओघावती का पति अपनी पत्नी को परपुरुष की बाँहों में देखकर रामायण के अहिल्या प्रकरण की तरह विचलित नहीं होता, जहाँ ऋषि गौतम अपनी स्त्री को पत्थर में परिवर्तित होने का श्राप दे देते हैं। इन कहानियों द्वारा समय के साथ मूल्यों में हो रहे बदलाव दिखाई देते हैं।

भागवत पुराण से हमें पता चलता है कि कैसे कर्दम देवहूति से विवाह करते हैं पर जब वह उनके पुत्र कपिल को जन्म देती है तो उसका परित्याग कर देते हैं। अपने पूर्वजों का ऋण चुकाने हेतु उन्हें सन्तानोत्पत्ति करनी पड़ती है परन्तु वे पति बनकर नहीं रहना चाहते। वो साधु बनना चाहते हैं। ऐसे ही जरात्कारु पुत्र जन्म के पश्चात अपनी पत्नी को त्याग देते हैं। इसी तरह हम अप्सराओं की भी कहानियाँ सुनते हैं जो विवाह तो करती हैं परन्तु जब उनके पति उन्हें नियन्त्रित करने की कोशिश करते हैं तो वे अपने पतियों को छोड़ देती हैं। इसलिए उर्वशी पुरुरवा को और गंगा शान्तनु को छोड़ देती हैं। क्या इसे हम तलाक़ कहेंगे?

मनुस्मृति के अनुसार हम, पतियों के प्रति समर्पित संकोची स्त्रियों की अनगिनत कहानियाँ अक्सर सुनते हैं, यह धर्म समर्थक और धर्म विरोधी गुटों द्वारा प्रयुक्त रूपक हैं। पुराणों की बहुत कम कहानियाँ हैं जहाँ देवियाँ अपने पतियों से क्रोधित होकर घर छोड़कर चली जाती हैं, और तब तक वापस नहीं जातीं, जब तक उनके पति उन्हें प्रसन्न कर और क्षमायाचना कर घर वापस चलने को नहीं कहते हैं।

जब लक्ष्मी वैकुण्ठ छोड़कर चली जाती हैं तो विष्णु को उन्हें मनाने के लिए काफ़ी मेहनत करनी पड़ती है। गौरी कैलाश छोड़कर चली जाती हैं और शिव को उन्हें घर वापस लाने के लिए बहुत मनाना पड़ता है। ये कहानियाँ स्त्री चरित्रों की शक्ति और संगठन की बात करती हैं, जो अक्सर आधुनिक हिन्दू स्त्रियों के लिए निषेध हैं क्योंकि सभी उन कहानियों का चयन करने में जुटे हैं जो पितृसत्तात्मक ढाँचे के अनुरूप हैं।

विष्णु मन्दिरों में लक्ष्मी अक्सर उनसे अलग रहती हैं। द्वारका में, रुक्मिणी कृष्ण से दूर खड़ी होती हैं, पंढरपुर में सत्यभामा भी कृष्ण से अलग विराजमान हैं। इस तरह ये अपनी स्वायत्ता का दावा करती हैं। तलाक़ हालाँकि देवता और उनकी पत्नी के बीच कभी भी देखने को नहीं मिलता। यही कारण है कि हिन्दू दम्पति क़ानूनी तलाक़ की

बजाय सम्बन्ध-विच्छेद को वरीयता देते हैं।

हिन्दू विवाह संस्कार में-सप्तपदी-जहाँ दम्पति सात पदों या फेरों द्वारा सात सांसारिक भेंटों को बाँटने का प्रण लेते हैं एक अटूट बन्धन है। जब बात नहीं बनती, तो दम्पति शारीरिक रूप से भले अलग हो जायें, पर आत्मिक रूप से बँधे रहते हैं। यह ध्यान रखना चाहिए कि स्वीकृति की हिन्दू विवाह में कोई भूमिका नहीं रहती। न तो लड़का और न ही लड़की से शादी के लिए पूछा जाता है हालाँकि पुराणों में हम गन्धर्व विवाह और स्वयंवर की बात सुनते हैं। इन्हें प्राचीन समाज की निम्न प्रथा की तरह देखा जाता है जो उच्च वर्ग के लिए उपयुक्त नहीं है। विवाह जब स्वीकृति पर आधारित नहीं है तो तलाक़ का विचार कोई मायने नहीं रखता।

पर जन्मों के बन्धन का विचार काव्यात्मक और मूर्त है। हिन्दू धर्म ने ऐतिहासिक, भौगोलिक और समुदायों के बीच बदलती ज़रूरतों के साथ सामंजस्य किया है। परकीया भक्ति परम्परा में राधा को दूसरे पुरुष की स्त्री बताया गया है। अथर्ववेद में सूर्या नामक स्त्री के दो देवताओं, अश्विनों से विवाह का वर्णन है। पुराण, मारिशा का उल्लेख करते हैं जो दस प्रचेता भाइयों से विवाह करती हैं। वैष्णव मन्दिरों में, लक्ष्मी विष्णु से अलग खड़ी दिखती हैं, जबकि शिव मन्दिरों में शिव शक्ति का दृढ़ आलिंगन किये दिखते हैं इसके बावजूद कि उनकी शादी झंझावातों से भरी थी। चिदम्बरम में, शिव अपनी पत्नी पर आधिपत्य जमाते हैं पर मदुरै में देवी उन पर नियन्त्रण करती हैं। ये सभी घटनाएँ विवाह में विविधता और सक्रियता को प्रकट करती हैं।

और इसलिए, इक्कीसवीं शताब्दी में ये धारणा स्वीकृत होती है कि हिन्दू धर्म में सम्बन्ध-विच्छेद और तलाक़ दोनों विचारों की मान्यता समुचित रूप से मिलती है।

24

हिन्दू गौ पूजा क्यों करते हैं?

हिन्दू न सिर्फ़ गौ पूजा बल्कि नाग, वानर और हाथियों की भी पूजा करते हैं। हिन्दू धर्म में दिव्यता कई स्वरूपों में देखी जाती है : तत्त्वों, पौधों, पशुओं, आकाशीय पिण्डों, कलाकृतियों और ज्यामितीय रूपों में। हिन्दुओं के लिए अग्नि, जल, तुलसी की झाड़ी या बरगद का पेड़, सूर्य और चन्द्रमा, घड़ा और तलवार, या फिर यन्त्र जो त्रिकोण, वृत्त और आयात के प्रतिच्छेदन से बनते हैं उनकी पूजा करना असामान्य नहीं है।

हालाँकि, गौ पूजक हिन्दुओं की छवि ने विश्व भर में लोगों का ध्यान आकर्षित किया है, इसका कारण शायद यह है कि विश्व के अधिकतर हिस्सों में लोग गौ मांस खाते हैं और मवेशियों का इस तरह सड़कों पर घूमना उनके लिए अलग-सी बात है। साँप, बन्दर और हाथी भी विश्व में कई जगहों पर खाये जाते हैं, पर यूरोप में नहीं। इस कारण से इन पशुओं की पूजा की तरफ़ उतना ध्यान नहीं जाता।

गाय को एक पवित्र पशु मानते हैं, जबकि बैल या सांड को सदियों से बन्ध्याकरण (castration) कर बैलगाड़ी खींचने और हल चलाने के काम में लिया जाता है। पशुपालक समाज में गाय बहुत उपयोगी थी क्योंकि उसके दूध से पोषण मिलता था और गोबर

के उपले से ईंधन और दीवार व ज़मीन लीपने का काम होता था। इसलिए गाय बहुमूल्य हुआ करती थी। गायों की रक्षा करना और उन्हें किसी भी प्रकार की हानि न पहुँचाने का उल्लेख कई ब्राह्मण ग्रन्थों में मिलता है। क्या ये सभी समुदायों के लिए था या सिर्फ़ ब्राह्मणों के लिए? यह अनुमान का विषय है। गाय का अर्थ सिर्फ़ दुधारू गाय से है या मवेशियों की सभी प्रजातियों और लिंगों से? यह भी अटकलों से भरा विषय है।

वैदिक काल में ऋषि विवाह के अन्तर्गत बेटी के साथ ऋषि को एक गाय और एक बैलगाड़ी भी दी जाती ताकि दम्पति के पास जीविका का साधन रहे। भैंस भी हालाँकि उतनी ही उपयोगी थी, पर गाय की महत्ता ज़्यादा थी।

पुराणों में गाय का सम्बन्ध विष्णु से और जंगली सांड का शिव से दर्शाया गया है। दुर्गा ने महिष राक्षस का वध किया और केरल के अयप्पा ने महिष राक्षसी का।

वैष्णव माइथोलॉजी में गाय को धन की देवी, लक्ष्मी के स्वरूप की तरह देखा गया। भागवत पुराण में पृथ्वी गाय का रूप धारण कर विष्णु से रक्षा की प्रार्थना करती है। इसलिए विष्णु को गोपाला, गायों का रक्षक कहा जाता है। पृथ्वी का सभी जीवित प्राणियों द्वारा दोहन होता दर्शाया गया है। और जब राजा पृथ्वी की सम्पदा को हानि पहुँचाते हैं तो उन्हें गौ हत्यारे या गौ प्रताड़क के रूप में वर्णित किया जाता है और विष्णु, परशुराम के रूप में धरती पर आकर लालची राजाओं की हत्या करते हैं और पृथ्वी उनके रक्त से अपनी प्यास बुझाती है।

इन्द्र के पास इच्छा पूरी करने वाली कामधेनु गाय थी, जो क्षीरसागर से निकली थी। ऋषि वशिष्ठ के पास भी वैसी ही गाय थी और जब कौशिक ने उसे चुराने की कोशिश की तो गाय ने अपनी

रक्षा के लिए सेना खड़ी कर दी। ऋषि जमदग्नि के पास भी ऐसी गाय थी और जब कार्तवीर्यार्जुन ने उसे चुराने की चेष्टा की तो, ऋषि पुत्र परशुराम ने, राजा के टुकड़े-टुकड़े कर दिये।

रघुवंशम् में, राम के पूर्वज दिलीप ने शेर के हमले से गाय की रक्षा की और स्वयं शेर का भोजन बनने की पेशकश की। इसका अर्थ यह हुआ कि गाय की रक्षा के लिए ख़ुद को भी मरने के लिए प्रस्तुत कर देना चाहिए या इसका एक यह भी अर्थ हो सकता है कि जहाँ संस्कृति यानी राजा अपनी भूख को संयमित रखता है ताकि खेती योग्य भूमि यानी गाय, जंगल यानी शेर की सीमा का अतिक्रमण न करे। संस्कृति के लिए प्रकृति का शोषण, इन दोनों के बीच का तनाव भारत में राजतन्त्र का मुख्य मुद्दा रहा है और इसे ही धर्मसंकट कहा गया है, धर्म जंगल के क़ानून का उलटा है, इसमें शक्तिशाली रक्षा करता है न कि दुर्बल का भक्षण करता है।

कृष्ण की स्नेहिल ग्वाले की छवि शायद तमिल संगम साहित्य में उभरी और संस्कृत साहित्य हरिवंश का हिस्सा बनी, और महाभारत के परिशिष्ट का भी जहाँ कृष्ण का बाल वर्णन है। भागवत पुराण में कृष्ण अरिष्ठ नामक महिष असुर का और वत्स नामक बछड़े असुर का वध करते हैं।

मठ परम्पराओं जैसे बौद्ध और जैन धर्म ने दया, अहिंसा और शाकाहार को प्रचारित किया। उन्होंने पशु बलि वाली वैदिक परम्पराओं का विरोध किया। यहाँ तक कि जयदेव के अनुसार, विष्णु ने करुणावश होकर जानवरों की बलि रोकने के लिए बुद्ध का अवतार लिया।

लेकिन हिन्दू धर्म, बौद्ध और जैन धर्म के विपरीत कभी निर्देशात्मक नहीं रहा। जाति और समुदाय अपने लिए नियम बनाते थे सबके लिए नहीं। जो निजी था वो कभी सार्वजनिक नहीं होता था।

जब हम जाति व्यवस्था से समान नागरिक ढाँचे की ओर बढ़े तो कुछ विशेष जाति समूह अपनी निजी खाने-पीने की आदत को सार्वजनिक तौर पर थोपने की कोशिश करने लगे हैं, ऐसी धारणा जो भारत में पहले कभी नहीं देखी गयी थी। शायद ये आधुनिकता की क़ीमत है।

हिन्दू धर्म ने स्वीकारा कि कृषि, पशुपालन और चर्म उद्योग के लिए हिंसा अनिवार्य है। उसने संस्कृति को ज़रूरी तौर पर हिंसक देखा, जंगलों का नाश कर ही खेत बनाये जा सकते हैं, भैंसों और बैलों के बन्ध्याकरण के पश्चात ही गाड़ी खींचने वाले पशु तैयार होते और इनका मांस, खाने का प्रमुख स्रोत है और ख़ासकर मरुभूमि में जहाँ पशु न खा सकने वाले पौधों को भोजन में परिवर्तित करने में सहायक होते हैं। यह सन्तुलन विचार महाभारत की व्याध गीता में व्यक्त किया गया है जहाँ मिथिला का कसाई साधु को ज्ञान देता है। वह इस विचार की तरफ़ ध्यान आकर्षित करवाता है कि मानसिक हिंसा, शारीरिक हिंसा से भी ख़तरनाक हो सकती है। भोजन के लिए हिंसा, शक्ति के लिए हिंसा के समान नहीं है।

पिछले एक हज़ार सालों में, सबसे पहले मुग़ल फिर अंग्रेज़ भारत आये, हिन्दू धर्म सम्पर्कप्रभाव और इसकी शुद्धता के प्रति डरा हुआ है। जो गाय खाते वो प्रदूषित माने जाते, जबकि गौ मूत्र और गाय के उपले शुद्धि के लिए इस्तेमाल होते। इस सांकेतिक महत्त्व ने गाय को हिन्दू धर्म का सशक्त प्रतीक बना दिया, यहाँ तक कि पुरानी पौराणिक मान्यताओं में भी गाय को सम्पत्ति और जीविका के साधन के समान माना जाता।

ज़्यादातर प्राचीन चित्रों में गाय के भीतर सभी देवता नज़र आते हैं। इसलिए गौ पूजा ईश्वर की पूजा के समान मानी गयी। यह गाय को पवित्र बनाता है। और, मनुष्य के भीतर भी ईश्वर के चित्र नज़र आते हैं। लेकिन इसे समान रूप से महत्त्व नहीं मिला। इन छवियों का अर्थ है कि ईश्वर हर प्राणी के भीतर मौजूद हैं। दिव्यता सभी चीज़ों में

उपस्थित है। लेकिन गाय के भीतर ईश्वर का ख़याल इतना बढ़ा-चढ़ा कर प्रस्तुत किया गया है कि गाय को खाना हिन्दू देवताओं पर हमला करने के समान है। यह लोकप्रिय और शक्तिशाली हथियार हिन्दू वोट जुटाने के लिए राजनीतिक हथियार के रूप में भी इस्तेमाल हो रहा है।

25

क्या हिन्दू शाकाहारी हैं?

सभी हिन्दू शाकाहारी नहीं हैं। असलियत में ज़्यादातर हिन्दू शाकाहारी नहीं हैं। अमेरिका और संयुक्त ब्रिटेन के बहुत से अप्रवासी हिन्दू और जैन पूरे विश्व में शाकाहारी भोजन के विचार का प्रसार करते हैं। लोग यह मानकर चलते हैं कि यह सभी भारतीयों पर लागू होता है। इसकी लोकप्रियता का योगदान योग को दिया जाना चाहिए, जहाँ शाकाहारी भोजन को सात्विक (शीतलता पैदा करने वाला) और मांस को राजसिक (उत्तेजना पैदा करने वाला) माना जाता है। शाकाहारी होना हिन्दुओं को बाक़ी समुदायों से अलग करता है। पश्चिमी समाज में इसे अजीब माना जाता है पर समय के साथ हिन्दू धर्म का यह एक ख़ास लक्षण बन गया, वैसे इस धारणा के पीछे आँकड़ों का कोई सहयोग नहीं है।

हिन्दू शाकाहारी और मांसाहारी दोनों हो सकते हैं। हिन्दू धर्म एक उदारवादी धर्म है, कई जातियों, सम्प्रदायों और परम्पराओं को समाहित किये हुए, जिसमें कुछ थोड़े समय के लिए शाकाहारी हो सकते हैं या नहीं भी। ऐसा कोई हिन्दू धर्मादेश नहीं है जो हिन्दुओं को यह बताता हो कि क्या खाना चाहिए और क्या नहीं। हिन्दू धर्म को किसी एक विचार में बाँधना दो गुटों के लोगों के बीच प्राय: होता है

: एक तो लड़ाकू कट्टरवादी हिन्दू और दूसरे उनके विपक्षी, भयग्रस्त हिन्दू।

भारत में विभिन्न समुदायों में खाने की विभिन्न आदतें हैं और कोई एक नियम नहीं है। उदाहरण के लिए, कई लोग सोचते हैं कि ब्राह्मण शाकाहारी होते हैं। यह सत्य नहीं है। दक्षिण भारत में ब्राह्मण शाकाहारी होते हैं। उच्च शिक्षित, गणित में पारंगत, वो जल्दी ही भारत के शहरी इलाक़ों में अकाउंटेंट, पत्रकार और प्रशासन अधिकारी बनकर बस गये। उनसे सम्पर्क के आधार पर बॉलीवुड फ़िल्मों में रूढ़िवादी 'मद्रासी' चरित्र दिखने लगा जो सिर्फ़ शाकाहारी भोजन करता है। यह छवि दक्षिण भारत की बृहद् मांसाहारी परम्परा पर ग्रहण लगा देती है। बंगाल के ब्राह्मण मछली खाते हैं, शक्ति परम्परा के अन्तर्गत वे भैंस और बकरी की बलि भी देवी काली को चढ़ाते हैं। कश्मीर में कुछ ब्राह्मण समुदाय भैरव, जो शिव का स्वरूप हैं, को मांस चढ़ाते हैं।

एक तमिल सन्तों की कहानी, हिन्दुओं की भोजन के प्रति धारणा को दर्शाती है। दो तरह के भक्त शिव मन्दिर में जाते हैं : शाकाहारी पुजारी जो सभी कर्मकाण्डों को मानता है और दूसरा आदिवासी शिकारी जो कर्मकाण्डों से अनभिज्ञ है। हर सुबह, ग्रन्थों में लिखे विधान के अनुसार पुजारी कर्मकाण्डों का निर्वहन करता। शाम में आदिवासी शिकारी, भगवान को वो सारी भेंट चढ़ाता, जो उसे सारा दिन जंगल में मिलता : फूल, झरनों का पानी और शिकार का सबसे अच्छा हिस्सा। फूल वह अपने बालों में लगा कर ले जाता है, पानी मुँह में (जिसे वो कुल्ला करता है)। शिकार के मांस को दाँत से चबाकर मुलायम कर देवता को चढ़ाता। दूसरे दिन सुबह पुजारी को मांस, हड्डियाँ, सूखे फूल मन्दिर में देख घिन आती। यह चक्र हफ़्तों तक चलता है। कैलाश पर्वत पर शक्ति शिव से पूछतीं कि उनका प्रिय भक्त कौन है?

शिव पुजारी और शिकारी की परीक्षा लेने की सोचते हैं। मन्दिर में शिवलिंग की आँखें निकल आयीं जब पुजारी ने यह देखा तो उसे यह ईश्वरीय कृपा लगी। पर तभी एक आँख से ख़ून बहने लगा। पुजारी को लगा कि यह दुर्भाग्य या ईश्वरीय प्रकोप का संकेत है, वो डर कर भाग गया। शिकारी ने जब आँख से ख़ून बहते देखा तो जंगली जड़ी-बूटियों से उसे ठीक करने की कोशिश की। जब ख़ून बहना बन्द नहीं हुआ तो उसने अपनी एक आँख निकालकर भगवान को चढ़ा दी, पर तभी दूसरी आँख से भी ख़ून बहने लगा। तब शिकारी ने अपनी दूसरी आँख भी निकालने की सोची। पर ऐसा करने से वो अन्धा हो जाता और उसे यह नहीं पता लगता कि भगवान को आँख कहाँ लगानी है। अत: जगह सुनिश्चित करने के लिए ख़ून बहती आँख की जगह उसने अपना पैर रख दिया और अपनी आँख निकालने ही जा रहा था कि शिव प्रकट हुए और उसे रोक दिया।

इस अद्‌भुत कहानी के द्वारा हमें यह विवेचना करने को कहा जाता है कि ईश्वर के लिए क्या मायने रखता है : कर्म हमारे भाव या काण्डी व्यवहार? भगवान को हमारी सामाजिक प्रतिष्ठा, हमारे कर्म काण्डों की शुद्धता और सम्पर्क में आने पर पड़ने वाले प्रभाव से कोई मतलब नहीं। भगवान को सिर्फ़ मनुष्य की प्यार करने की भावना से सरोकार है : हमारी अपनी असुरक्षाओं से ऊपर उठकर पीड़ितों की मदद करने की क्षमता से नहीं। हमारा अहम् हमें दूसरों से श्रेष्ठ और शुद्ध होने का विचार देता है। आत्ममन्थन यह सोचने को प्रेरित करता है कि कोई अशुद्ध या ख़राब नहीं है, सभी सम्मान के पात्र हैं। पुजारी की कर्मकाण्ड युक्त पूजा से ज़्यादा शिकारी का प्रेम मायने रखता है। कर्मकाण्ड प्यार की अभिव्यक्ति होनी चाहिए न कि यन्त्रचालित व्यवस्था, या दूसरों को नियन्त्रित करने का हथियार।

सफल भारतीय उद्यमियों में से कई गुजरात और राजस्थान के जैन और वैष्णव समुदाय से हैं। ये शुद्ध शाकाहारी हैं। चूँकि अधिकतर

विदेशी व्यवसायी उनके सम्पर्क में रहते हैं इसलिए वे यह अनुमान लगाते हैं कि सभी भारतीय शुद्ध शाकाहारी होते हैं। जैन, हिन्दू नहीं होते (वे शिव, विष्णु और ब्रह्मा की पूजा नहीं करते) हालाँकि वे पूर्वजन्म परम्परा के विस्तृत दायरे में आते हैं (सनातन धर्म)। मारवाड़ी और बनिया संस्कृति उत्तर भारत की ग़ैर-शाकाहारी परम्परा को पूरी तरह ग्रसित कर लेती है।

पुराणों में विष्णु शुद्ध शाकाहारी देवता हैं, पर शिव को जो मिलता है वे खाते हैं और देवी को तो रक्त पसन्द है। पर हमें यह याद रखना चाहिए कि ये नियम इतने कठोर नहीं हैं। क्योंकि जब विष्णु धरती पर राम बनकर आते हैं तो वे हिरण का शिकार करते हैं (इस विचार को बहुत से शाकाहारी हिन्दू बिल्कुल अस्वीकृत करते हैं)। जैन ग्रन्थों में, कृष्ण को नेमिनाथ के विवाह में शामिल होते बताया गया है जहाँ पशुओं की बलि दी जाती है। और नृसिंह अवतार के रूप में भी, जो नर-सिंह का अवतार है, जहाँ विष्णु रक्त पीते हैं। शिव, संन्यासी होने की वजह से जो मिलता है वो ग्रहण करते हैं। गोरा-भैरव जो इनका सौम्य अवतार है को फल और दूध अर्पित किया जाता है। उनके उग्र काल-भैरव स्वरूप को रक्त और मदिरा चढ़ाई जाती है।

देवी प्रकृति की जिन क्रियाओं से सम्बन्धित हैं, वे हैं रतिक्रिया और हिंसा। उन्हें रक्त चढ़ाया जाता है। उड़ीसा के वाराही मन्दिर में देवी मछली खाती हैं। देवी के जिन मन्दिरों में विष्णु हैं, वहाँ वे पूर्णत: शाकाहारी हैं जैसे कोल्हापुर, महाराष्ट्र के अम्बाबाई मन्दिर में या फिर पंजाब और जम्मू के पहाड़ी मन्दिरों में। इसलिए देवताओं के लिए भी कोई निश्चित नियम नहीं हैं।

कुछ लोग शाकाहारी होने को अहिंसा के समान मानते हैं। अहिंसा, जैन धर्म और योग का मूलभूत सिद्धान्त है। हालाँकि, अहिंसा एक जटिल विचार है। इसका अर्थ किसी भी जीव के तन या मन को नुक़सान नहीं पहुँचाना है। पर इसका विस्तार खाने तक नहीं होता

क्योंकि भोजन की तलाश में हिंसा होती ही है। खेती एक हिंसक क्रिया है जिसमें कई जीवों की हत्या होती है, न सिर्फ़ कीड़े-मकोड़ों की ही।

कई सैनिक शाकाहारी होते हैं। बहुत से भ्रष्ट राजनेता और पूँजीवादी जो अपने उद्योग से पर्यावरण को नुक़सान पहुँचाते हैं या फ़ैक्टरी में मज़दूरों का शोषण करते हैं वे शाकाहारी हैं। यह अहिंसा नहीं है! बहुत से संन्यासी आध्यात्मिक शुद्धि के लिए मांस का त्याग कर देते हैं। वे मांस और रक्त को अशुद्धि से जोड़ते हैं। यह एक ख़तरनाक विचार है : यह छुआछूत का आधार बनता है जो कुछ लोगों को उनके पारम्परिक पेशे की वजह से अछूत मानता है। ख़ून की अशुद्धि का विचार ही, औरतों को माहवारी और शिशु जन्म के समय अशुद्ध मानता है। रक्त के प्रति यह वितृष्णा सबसे निम्न स्तर के पूर्वाग्रहों से भरी है क्योंकि विधि-विधान हेतु ज़रूरी शुद्धता ऐसे में सम्भव नहीं। कई शाकाहारी संन्यासी अपने आपको ग़ैर-शाकाहारी गृहस्थों से श्रेष्ठ समझते हैं। यह प्रतिद्वन्द्विता उस भ्रम को दर्शाती है जो अहम् की वजह से उत्पन्न होता है। हमें इससे सावधान रहना चाहिए। हमें यह याद रखना चाहिए कैसे देवी काली रक्त की माँग करती हैं। क्या यह देवी को अशुद्ध बनाता है? प्रकृति कभी अशुद्ध नहीं हो सकती और सारी प्रकृति ही देवी है।

हमें यह याद रखना चाहिए कि जब हम हिन्दू धर्म के उदारवाद को अस्वीकार करते हैं तो हम अब्राह्मी विचारों से हिन्दू धर्म को फिर से गढ़ने की कोशिश कर रहे हैं। कई हिन्दू श्रेष्ठतावादी एक हिन्दू व्यवहार की चैकलिस्ट बनाने की कोशिश करते हैं। वे कुछ प्रभावशाली ब्राह्मणों और बनिया समाज की परम्पराओं को मान्य समझते हैं। एक ऐसा ही चलन भोजन के बारे में है जहाँ मांसाहारियों को नीच और शाकाहारियों को ज़्यादा परिष्कृत मानते हैं, यह विचार वैज्ञानिक कम और अहम् को पोषित करने वाला ज़्यादा है। हमें यह नहीं भूलना चाहिए कि ऐसा करने में वे कई ग़ैर-प्रभावशाली मांस खाने

वाले समुदायों को भूल रहे हैं। साथ ही भारतीय सेंसस के अनुसार जनसंख्या का 70% हिस्सा किसी-न-किसी रूप में मांस का सेवन करता है, यह हमें नहीं भूलना चाहिए। हमें यह भी नहीं भूलना चाहिए कि हिन्दू धर्म वह नहीं जो ब्राह्मण और बनिया तय करेंगे, वह हिन्दू धर्म की एक श्रेणी मात्र हैं, और सभी ब्राह्मण शाकाहारी भी नहीं होते।

26

क्या होली भारत में हर जगह मनायी जाती है?

होली सामान्यत: उत्तर भारत में मनायी जाती है, दक्षिण भारत में नहीं। इसका कारण कोई नहीं जानता। हाँ, वैसे कामकाज के सिलसिले में कई उत्तर भारतीयों के दक्षिण भारत में बसने की वजह से और बॉलीवुड फ़िल्मों की लोकप्रियता के कारण कई क्षेत्रीय त्योहार राष्ट्रीय बन रहे हैं। कैरीबियाई द्वीप में गिरमिटिया मज़दूरों के वंशजों द्वारा होली मनायी जाती है। अप्रवासी भारतीयों द्वारा बड़ी धूमधाम से कई अमेरिकी यूनिवर्सिटी में भी यह रंगीन त्योहार मनाया जाता है।

फाल्गुन मास (फ़रवरी, मार्च) की पूर्णिमा को यह त्योहार मनाया जाता है, कई त्योहारों की तरह होली की भी कई परतें हैं। एक शैव परत है, दूसरी वैष्णव और फिर कृष्ण। इस पर्व के दो भाग हैं, एक रात पहले होलिका दहन और दूसरे दिन रंगों का ज़बरदस्त उत्सव।

शैव परत की तरफ़ ध्यान इस बात से जाता है कि यह त्योहार शिवरात्रि के पन्द्रह दिनों बाद आता है और भाँग खाने से सम्बन्धित है।

अग्नि दहन, प्रेम के देवता कामदेव के भस्म होने से सम्बद्ध है जिन्होंने शिव को उत्तेजित करने की चेष्टा की। शिव इतने क्रोधित हो गये कि उनकी तीसरी आँख से निकलती अग्नि में कामदेव राख हो गये। रति के विलाप और प्रार्थना करने पर कामदेव पुनर्जीवित तो हो गये, पर बिना शरीर के और इसलिए अनंग के नाम से जाने गये। उनके पुनर्जन्म का उत्सव रंग से मनाया जाता है और पानी जो कामुकता, वो भड़काते हैं उसे शान्त कर बुझाने के लिए है।

वैष्णव परत में ज़िक्र है कि किस तरह विष्णु अपने भक्त प्रह्लाद को परेशान करने वालों का नाश करते हैं। होलिका जिनके पास आग का सुरक्षा कवच था, आग में कूदीं पर जलकर स्वाहा हो गयीं। जबकि प्रह्लाद भगवान विष्णु की कृपा से बच गये बिना किसी हानि के। होलिका दहन धूर्त होलिका के अन्त होने का उत्सव है।

कृष्ण परत, गंगा के मैदानी इलाक़ों से आती है कि कैसे कृष्ण अपनी गोपियों और राधा के साथ यह त्योहार मनाते थे। जंगल के फूलों और पत्तियों से रंग तैयार कर वो एक-दूसरे पर डालते थे। यह ज़मीन से जुड़ा उत्सव है जिसमें गँवई महक और लोक संगीत है और जो शहरी नफ़ासत से कोसों दूर है। सभी के अन्दर छिपे बचपने को बाहर निकालता है और कृष्ण की राधा के लिए प्रेम भावना को भी समेटता है। यह त्योहार सोलहवीं शताब्दी के बाद मुग़ल बादशाहों द्वारा भी मान्य हो गया। शायद उनकी राजपूत बीवियों ने इससे उनका परिचय करवाया होगा।

काफ़ी समय पहले ही होली उत्तर भारत-राजस्थान और पहाड़ी राज्यों के शाही परिवारों का हिस्सा बन गयी जबकि गंगा के मैदानी भाग, बिहार, असम, बंगाल और उड़ीसा में कृष्ण मन्दिरों में मनायी जाती है। जगन्नाथ मन्दिर में यह डोल पूर्णिमा के नाम से मनाया जाती, जब कृष्ण और राधा झूले पर बैठकर फाल्गुन का आनन्द लेते हैं। ऐसा कहा जाता है कि कामदेव का पुनर्जन्म कृष्ण के रूप में हुआ और

इसलिए होली काम के प्रेम में परिवर्तन के रूप में मनायी जाती है।

ये परम्पराएँ, दक्षिण भारत के मन्दिरों वाले शहरों में नहीं पहुँचीं जहाँ भगवान को पूजा जाता है, पर इतने क़रीब से नहीं। शिव दक्षिणामूर्ति, वेदों और तन्त्रों के अध्यापक थे। उनकी भोलेनाथ की छवि उत्तर भारत में दक्षिण भारत से ज़्यादा लोकप्रिय थी। विष्णु राजसी राम और विश्राम अवस्था में नारायण हैं। कृष्ण के बाल रूप में वे ज़्यादा लोकप्रिय हैं। वयस्क कृष्ण में वात्सल्य भक्ति है और विरह भक्ति में बिछुड़ने का दु:ख जो माधुर्य भक्ति से अलग है। होली दक्षिण में उतनी लोकप्रिय नहीं है।

यह विविधता बताती है कि किस तरह भारत के अलग-अलग हिस्सों में अलग परम्पराएँ और विश्वास हैं। इसलिए इतनी लोकप्रियता के बावजूद होली समूचे भारत में नहीं मनायी जाती। यह मुख्यत: उत्तर भारत का पर्व है भले कितने ही लोकप्रिय बॉलीवुड गाने होली पर बने हों।

27

क्या हिन्दू हैलोवीन जैसी भी कोई चीज़ होती है?

हैलोवीन जिसे ऑल हैलोवीन, ऑल हैलोज़ ईव के नाम से भी जाना जाता है यह कई पश्चिमी देशों में लोकप्रिय है, ख़ासकर अमेरिका में। लोग अलौकिक जीवों की तरह तैयार होकर 31 अक्टूबर को रात में निकलते हैं और सभी भूत-प्रेतों को पृथ्वी से भगाने का प्रयत्न करते हैं। इसकी जड़ें प्राचीन, पश्चिम यूरोपीय त्योहार समहेन में हैं, जिन्होंने इस दिन को पतझड़ और जाड़े के मुहाने पर मनाना शुरू किया जब जीवित और मृतकों के देश के बीच की सीमाएँ क्षीणतम होती हैं। यह ऑल सेंट्स डे (1 नवम्बर) से पहले होता है। दूसरे दिन ऑल सोल्स डे (2 नवम्बर) होता है, जब ईसाई उनके लिए प्रार्थना करते हैं जो स्वर्ग में हैं और उन मृतकों की आत्माओं के लिए भी जो यीशु की दुबारा वापसी के और क़यामत के दिन के इन्तज़ार में हैं।

पर यह धारणा सिर्फ़ अब्राह्मी आस्था तक ही सीमित नहीं है हर संस्कृति में मृतकों की उपासना के दिन होते हैं। ये प्रेतों से काफ़ी क़रीब हैं, ये वो बेचैन आत्माएँ हैं जो मृतकों के देश वापस जाने से इंकार करती हैं और जीवितों के देश में घूमती रहती हैं, ये खगोलीय

सन्तुलन को बिगाड़ कर, जीवित को तंग कर ध्यान खींचती हैं। हिन्दू धर्म में हालाँकि हैलोवीन से एकदम मिलता-जुलता कुछ नहीं है पर कुछ ऐसे कर्मकाण्ड हैं जो प्रेतों की मौजूदगी और उनके मृतकों के देश में वापस यात्रा, जहाँ उनकी जगह है, को मानते हैं।

हर साल पितृपक्ष, जो गणेश चतुर्थी और नवरात्रि के बीच का पखवाड़ा है, हिन्दुओं के पितरों के लिए होता है। इसी समय सर्व पितृ श्राद्ध किया जाता है, सभी मृतकों को प्रसन्न करने के लिए, जो यमलोक में पुनर्जन्म के इन्तज़ार में चमगादड़ों की तरह उलटे लटके होते हैं। इन अनुष्ठानों के समय जीवित अपने मृतकों से सन्तान उत्पत्ति का वायदा करते हैं ताकि उनका पुनर्जन्म हो सके।

भूत कई प्रकार के होते हैं : भूत, प्रेत, पिशाच और बेताल। जिन्होंने अपूर्ण जीवन जिया है वे मृतकों के देश वापस नहीं जाना चाहते इसलिए जीवितों के देश में रह जाते हैं। जिन्होंने सम्पूर्ण जीवन जिया पर जिनके मृतक संस्कार ठीक से नहीं किये गये वे जीवितों के देश में फँस जाते हैं। कुछ को अपने कुकर्मों के लिए श्राप मिलता है, उन्हें मृत्यु पर भी शान्ति नहीं मिलती और इसलिए वे लोगों को परेशान करते हैं। भूतों के बारे में यह विचार कई लोक कथाओं और गरुड़ पुराण से मिलता है, जो मृत्यु संस्कारों पर एक बृहद् व्याख्या है।

वेदों में ख़ासकर अथर्ववेद में कई श्लोक इन्द्र, अग्नि और सोम को समर्पित हैं, जिनका आह्वान भयंकर असुरों का नाश करने के लिए होता है जो अन्धकार से प्रकट होते हैं। यह बुरी आत्माओं और भूतों के बारे में अभिज्ञता दर्शाता है।

भागवत पुराण के अनुसार ब्रह्मा ने आलस्य की अवस्था में भूत-पिशाच और प्रेत की रचना की। वो नग्न थे और उनके केश खुले हुए थे। उन्हें देख ब्रह्मा ने अपनी आँखें बन्द कर लीं (भय से?)।

सरसत्व भूत-पिशाचकम्
भगवान आत्म-तंद्रिणा
दिग्-वासासो मुक्त-केसन
विक्स्या कामिलयाद दरसु

—श्रीमद्भगवतगीता से 3-20-40

कई देवी-देवताओं को भूत-प्रेतों से जोड़ा जाता है। उनका आह्वान इन्हें भगाने के लिए किया जाता है। इन सब में सबसे लोकप्रिय चामुण्डा देवी हैं, जो श्मशान में रहती हैं, जिनके गले में नरमुण्डों की माला और जो प्रेतों की पीठ पर सवारी करती हैं। प्राचीन तमिल कथा की जंगली कोत्रावाई जो श्मशान में मिलती हैं उनके ये काफ़ी क़रीब हैं।

भूतों का आह्वान तान्त्रिक भी करते हैं ताकि प्रेतों को नियन्त्रित कर उन्हें अपना ग़ुलाम बना सकें। ऐसी सबसे मशहूर कहानी, विक्रम और बेताल की है। ओडिशा में मध्य युग में तन्त्र का काफ़ी प्रयोग होता था और राजधानी भुवनेश्वर में बेताल देउल है जो प्रेतों और झाड़-फूँक से सम्बन्धित है।

केरल में यक्षिणियों की कहानियाँ हैं जो नवयुवकों को सम्मोहित करती हैं और गन्धर्व जो नवयुवतियों को सम्मोहित कर या तो मार डालते हैं या पागल कर देते हैं। जो इससे पीड़ित होते हैं वो चोट्टानिकारा देवी के मन्दिर जाकर प्रेतमुक्त होने की प्रार्थना करते हैं। इस मन्दिर में भूतों को झाड़-फूँक के द्वारा मृतकों के देश वापस भेजा जाता है। ऐसे ही कुछ कर्मकाण्ड राजस्थान के मेहँदीपुर के बालाजी हनुमान मन्दिर में किये जाते हैं, जहाँ प्रेतराज, प्रेतों के राजा, यम के एक रूप, का मन्दिर है। वाराणसी के काल भैरव कोतवाल का आह्वान भी भूतों को भगाने के लिए किया जाता है।

मूल रूप से, हिन्दू प्रेतों को नकारात्मक और ख़राब शक्तियों के

रूप में देखते हैं—दूसरों की ईर्ष्या और घृणा (जीवित और मृतकों) उन्हें बीमार और दुर्भाग्य का शिकार बना सकती है। दरवाज़ों पर चप्पलें प्रेतों को डराने के लिए लटकाई जाती हैं। नीबू, मिर्च और सेंधा नमक भूतों को दूर रखने के लिए रखा जाता है और कोयले और लोहे से उन्हें डराया जाता है।

प्रेतों में विश्वास इस बात को स्वीकारता है कि हमारे आसपास कई अनदेखी सकारात्मक और नकारात्मक शक्तियाँ हैं। ये छुपी हुई शक्तियाँ ही भूत-प्रेत हैं और वास्तविकता में इन्हीं अदृश्य शक्तियों में विश्वास का अर्थ आध्यात्मिकता होता था। समय के साथ, आध्यात्मिकता का अर्थ ईश्वर, आत्मा और शक्तियों में आस्था का होना हो गया-वह शक्ति जिसकी समझ आज भी वैज्ञानिकों को भ्रमित करती है।

28

क्या हिन्दू विदेश यात्रा करने से अपनी जाति से बाहर हो जाते हैं?

अगर आप जाति को महत्त्व देते हैं तो यह ख़याल काफ़ी निराशाजनक और यहाँ तक कि भयभीत करने वाला हो सकता है। अगर आप उदासीन हैं तो इसका आप पर कोई प्रभाव नहीं पड़ेगा। आधुनिक युग से पहले जाति महत्त्वपूर्ण थी क्योंकि आपकी किसी समुदाय के सदस्य के रूप में पहचान बनती थी। इसके लिए समुदाय से आपको अपना पेशा, जीवनसाथी मिलता था, जिसने समुदाय के कुछ नियमों का पालन करना ज़रूरी बनाया, जिसमें ये भी शामिल हुआ कि आप अपनी बेटी की शादी सिर्फ़ उपयुक्त जाति के सदस्य से ही करेंगे। किसी की जाति उसका विस्तृत परिवार होता था। इसलिए जाति पर कोई चोट होने पर दुष्परिणाम होते थे।

बौद्धयान धर्मसूत्र जो क़रीब दो हज़ार साल या उससे भी पहले रचा गया वह इसका 'समुद्रोल्लंघन' या 'सागरोल्लंघन' के नाम से उल्लेख करता है, जिसकी वजह से कितनों को जाति से बाहर होना पड़ा। यह ख़ासकर ब्राह्मणों पर लागू होता था क्योंकि यह डर रहता कि विदेश यात्रा की वजह से ब्राह्मण नित्य समय और सही तरीक़े से

परम्पराओं का निर्वहन नहीं कर पायेंगे। यह भी विश्वास था कि पवित्र वैदिक अग्नि से दूर होने से दूषित होने की सम्भावना बढ़ जाती है। घर से बाहर जाने से पहले आरती करने की परम्परा के पीछे प्रदूषण से लड़ने के लिए कवच देना होता था, उसी प्रकार वापसी पर आरती करना सभी प्रदूषकों को हटा शुद्धीकरण करना होता था।

यह एक विडम्बना है कि भारत में समुद्र यात्रा का पुराना इतिहास रहा है। महाग्रन्थ रामायण और महाभारत, समुद्र यात्रा का उल्लेख नहीं करते (राम लंका जाने के लिए पुल का निर्माण करते हैं, रावण पुष्पक विमान में उड़ता है), व्रत कथाओं जैसे सत्यनारायण कथा, उड़ीसा की टोपोय कथा, और संस्कृत नाटक जैसे हर्ष द्वारा रचित *रत्नावली*, समुद्र यात्रा और नाव दुर्घटनाओं का ज़िक्र करता है। हड़प्पा काल में पाँच हज़ार वर्ष पूर्व समुद्र व्यापारी, भारत से अरब की यात्रा करते थे। वैदिक श्लोकों में भी तीन हज़ार साल पूर्व समुद्र और समुद्र यात्रा की जानकारी की बात मिलती है। 1500 साल पहले गुप्त काल में दक्षिण पूर्व एशिया से ख़ूब व्यापार होता था। अगस्त्य और कौंडिल्य ऋषि मलेशिया और कम्बोडिया की यात्रा पर गये थे। चोल शासक भी अपने साम्राज्य और सम्पत्ति के विस्तार के लिए समुद्र मार्ग से लंका गये थे। उड़ीसा और बाली द्वीप में आज भी जहाज़ों के आने और जाने के त्योहार मनाये जाते हैं जो प्राचीन समुद्री यात्रओं की याद दिलाते हैं। समुद्री यात्रा की वजह से ही रामायण, महाभारत जैसे महाग्रन्थ, कठपुतली और बुनाई की कला सुदूर इंडोनेशिया और थाईलैंड तक पहुँच पायी।

मध्य युग में क़रीब एक हज़ार वर्ष पहले, आदि शंकराचार्य के बाद, मुस्लिमों के आगमन और बौद्ध धर्म के पतन के बाद, हम कट्टर हिन्दू धर्म का उदय देखते हैं जो समुद्र यात्रा की मनाही करता है। समुद्र व्यापार जारी रहा पर वह अरबों द्वारा होता था। जाति व्यवस्था अत्यन्त जटिल थी और प्रदूषण का डर हमेशा रहता था।

कोई नहीं जानता कि यह बदलाव क्यों आया।

कई सिद्धान्त प्रस्तावित किये गये हैं पर कोई सिद्ध नहीं हो पाया, हो सकता है यह मध्य एशिया से आये लड़ाकों की हिंसा के प्रति प्रतिक्रिया थी, जो मन्दिर तोड़ रहे थे। हो सकता है ये व्यापारी वर्ग को चोट पहुँचाने के लिए था जो बौद्ध और जैन धर्म को तो महत्त्व देते थे पर ब्राह्मणों को नहीं, हो सकता है हिन्दू धर्म को मिटने से बचाने के लिए ऐसा हुआ हो। एक समय यह नियम बहुत अधिक फैला हुआ था और इतना कठोर था कि कुछ समुदायों ने अपने सदस्यों को कुछ नदियों को भी पार करने की मनाही कर दी (वैदिक संस्कृत में समुद्र का अर्थ पानी का कोई भी स्त्रोत था ज़रूरी नहीं कि वो समुद्र ही हो)।

कुछ यह भी तर्क करते हैं कि मध्य युग में जब उच्च जाति के लोगों ने समुद्र यात्रा त्याग दी और यह काम अरबों के ज़िम्मे कर दिया, निम्न जाति के लोग यात्रा करते रहे और यही लोग थे जो बौद्ध और जैन धर्म को दक्षिण पूर्व एशिया ले गये। उत्तर भारत में कुछ बनियों ने सिन्धु नदी भी पार करने से इनकार कर दिया, हालाँकि, तमिलनाडु के चेट्टियार, जहाज़ से बर्मा और मलेशिया गये पर उन्होंने कई कठिन नियमों का पालन किया जैसे ब्रह्मचर्य और खाने-पीने का परहेज़, साथ-साथ मुरुगन और शिव की दोनों बन्दरगाहों पर पूजा भी की।

हालाँकि, हिन्दू मराठा शासकों ने समुद्री सेना का गठन पुर्तगाली ताक़त को हराने के लिए किया, जो न तो मुस्लिम शासकों न ही दक्कन के सुल्तान ने किया था। ऐसा नवस्थापित राज्य की सीमा की सुरक्षा करने के उद्देश्य से, किसी भी देश की यात्रा और उससे व्यापार न करने के उद्देश्य से किया गया।

जब यूरोपियों ने समुद्री व्यापार पर अरबों के हाथ से नियन्त्रण पाँच सौ साल पहले ले लिया, तब एक नयी सोच भारत आयी।

अचानक से भारत में शक्तिशाली शासक घोड़ों की पीठ पर बैठ कर आने वाले लोग नहीं थे जैसे कि मुग़ल, पर वो लोग थे जो बड़े जहाज़ों में आते थे जैसे पुर्तगाली, फ्रेंच और अंग्रेज़। वो भारतीयों से उनके जहाज़ों पर काम करवाना चाहते थे। उन्होंने भारतीयों को अपनी सेना में शामिल किया जो समुद्र पर भी लड़ती थी। जब बँधुआ मज़दूरी ख़त्म हो गयी, वे भारत के अनुबन्धित मज़दूरों से कैरीबिया जैसी अपनी दूरदराज की कॉलोनियों के खेतों पर काम करवाना चाहते थे।

उन्नीसवीं शताब्दी में काले पानी की सज़ा जो जाति को ख़त्म कर देती, का भय अपने चरम पर था। ईस्ट इंडिया कम्पनी को ब्राह्मणों के साथ काफ़ी परेशानियों का सामना करना पड़ा जिन्हें उन्होंने अपनी सेना में दाख़िल किया, वे समुद्र पार करने से इंकार करते थे। इसलिए 1857 के विद्रोह के बाद जो सबसे ख़राब सज़ा थी वो थी अंडमान के सेल्युलर जेल में काले पानी की सज़ा, वहाँ जाना ब्राह्मण क्रान्तिकारियों के लिए अपनी जाति और समाज से बहिष्कृत होना था।

उन्नीसवीं शताब्दी में जो हिन्दू विदेश यात्रा करते उन्हें काफ़ी मुश्किलों का सामना करना पड़ता, उदाहरण के लिए राजा राममोहन राय। स्वामी विवेकानन्द की भी आलोचना हुई पर उन्होंने अमेरिका में हिन्दू धर्म के विचारों का प्रचार किया। 'मैन हू न्यू इनफिनटी', फ़िल्म जो गणितज्ञ रामानुज पर आधारित है उसमें इस नियम का उल्लेख मिलता है। पर जैसे-जैसे इंग्लैंड की शिक्षा का मूल्य बढ़ने लगा, चीन अफ़ीम के मुनाफ़ेदार व्यापार की जगह बनने लगा, अमेरिका में नौकरियों के अवसर बढ़ने लगे, आर्थिक और राजनीतिक वास्तविकता के तहत ब्राह्मण नियमों को बदलना पड़ा।

पिछले सौ सालों में काफ़ी हद तक इस बारे में लोग सहज हो गये हैं। कुछ ख़ास समुदायों में यह अब भी मायने रखता है जैसे, तिरुपति मन्दिर के उच्च पुजारियों के लिए, उड़ूपी कृष्णन मन्दिर के

महन्तों और केरल के कुछ मन्दिरों में जहाँ कई बार इस कारण कोर्ट केस हो जाते हैं। पर सभी हिन्दू मामलों की तरह यहाँ भी एक मार्ग है। कुछ शुद्धि संस्कार होते हैं : घर वापस आने पर कुछ मन्त्रों का उच्चारण और उपवास। यह काफ़ी ब्राह्मण परिवारों के लिए ज़्यादातर सन्तोषजनक है, पर सभी के लिए नहीं।

29

हिन्दू धर्म में धर्म परिवर्तन की व्यवस्था क्यों नहीं है?

हिन्दू धर्म, असली और नक़ली भगवान के विचार पर आधारित नहीं है। यहाँ ऐसी कोई फ़िलॉसफ़ी नहीं है जो ईश्वर के जज होने की बात करती हो। यहाँ सच का विचार बहुत अलग तरीक़े से देखा जाता है : यहाँ सीमित सत्य या मिथ्य हैं, और असीमित सच या सत्य हैं। नश्वर मानव मन कभी संसार की अनन्तता को नहीं स्वीकार कर पाता। पर योग के अभ्यास से और साधुओं द्वारा किये गये तपस्या और तन्त्र से मन का विस्तार हो सकता है।

सिर्फ़ साधु सब देख सकते हैं इसलिए वे बुद्ध हैं, जिनकी बुद्धि पूरी तरह विकसित है। इसलिए वे भगवान हैं, जो सभी भागों को देख सकते हैं। जैन और बौद्ध धर्म में, तपस्वी एक महान गुरु होता है। हिन्दू धर्म में तपस्वी भगवान है जो नश्वर शरीर की परवाह नहीं करता। हिन्दू धर्म के भगवान अनन्त हैं। अनन्त ईश्वर अपने आप को संकुचित कर नश्वर के स्तर पर ला सकते हैं। यहीं से 'अवतार' (जो जन्म लेते हैं) का विचार आता है। पर्वत के ऊपर से शिव सब कुछ देखते हैं। पर वहाँ वे एकान्त में रहते हैं। इसलिए देवी उन्हें मैदानी भाग, काशी में

लेकर आती हैं जहाँ उनकी नज़र क्षितिज तक सीमित होती है।

ईश्वर जो अनन्त है वह उस भगवान से अलग होता है जो नक़ली को अस्वीकृत करते हैं। अनन्त ईश्वर सभी मानवीय कमज़ोरियों को समाहित करते हैं। बाक़ी मानवीय अक्षमता को स्वीकार नहीं कर पाते। उन्हें किसी प्रकार की कोई अनिवार्यता नहीं लगती क्योंकि मृत्यु का भय एक भ्रम है। वे संसार की रक्षा करना चाहते हैं इससे पहले कि असत्यता संसार पर हावी हो जाये। वे हमेशा शान्ति से हैं। दूसरे हमेशा द्वन्द्ध में हैं।

बूझिए आधुनिक संसार को कौन-से भगवान नियन्त्रित करते हैं?

यह विडम्बना है कि दक्षिणपन्थी हिन्दू ने अब्राह्मी भगवान के रूप को अपनाना शुरू कर दिया है। और वामपन्थी भी भगवान की इस परिभाषा से सहमत होते हैं। यही भगवान की परिभाषा है जिसे नास्तिकों और बॉलीवुड ने भी अपना लिया है।

अनन्त ईश्वर बहुत निष्क्रिय है—वो धार्मिक नेता से नहीं उलझते। धर्म नेता, नायकों की तरह प्रशंसा चाहते हैं इसलिए उन्हें खलनायकों की ज़रूरत है। वो नक़ली भगवान की रचना करते हैं—धर्मनिरपेक्ष और धर्म प्रचारक। ये माइथोलॉजी की उत्तर-आधुनिक परिभाषा नहीं मानते। उनके लिए मिथ्य असत्यता है न कि सब्जेक्टिव सत्य। बाद की परिभाषाएँ उनकी महत्त्वाकांक्षाओं को पूरा नहीं करतीं। दक्षिणपन्थ में धर्म नेताओं की बाढ़ सी है, जो बुरी तरह से शक्ति की चाह रखते हैं, हर एक ईर्ष्यालु भगवान है। वो अपने सत्य अलावा किसी सत्य की परवाह नहीं करते। वो कहानियाँ सुनाते हैं कि किस तरह हिन्दू धर्म संकट में है और सभी को सतर्क रहने और संघर्ष करने की ज़रूरत है। पर इन धर्म नेताओं का एक मुख्य बिन्दु हमेशा देखने में नहीं आता : ईसाई मिशनरियों के ख़िलाफ़ लड़ाई जीतने के लिए सिर्फ़ उनके हिन्दू धर्म के सन्दर्भ को स्वीकारना, क्योंकि वो स्पष्टवादी होते हैं। इसलिए

वे अपने आपको लोगों से चयनित करवाते हैं। सम्प्रदाय समर्थकों के सिवाय सभी उनके विरोधाभास को देख सकते हैं।

हम यह देखना हमेशा भूल जाते हैं कि सबसे पहला धर्म परिवर्तन बौद्ध धर्म में मिलता है। यह उन्होंने बिना बल, बिना हिंसा के-एक नेता (बुद्ध), एक स्पष्ट सिद्धान्त और नियम (धम्म) और संगठन (संघ) से प्राप्त किया। बौद्ध भिक्षुओं ने किसी असली या नक़ली भगवान की बात नहीं की परन्तु उन्होंने सांसारिक दुखों से मुक्ति की बात की जो उनके नेता ने बतायी थी। सामान्य जन के लिए यह हल बुद्ध ने दिया, जीवन से भी विशाल, मनुष्य से बड़े-एक भगवान! इसलिए पहले की व्यवस्था को नकारते हुए बुद्ध की बड़ी-बड़ी मूर्तियाँ बनने लगीं और उनकी पूजा मध्य एशिया, चीन और दक्षिण पूर्व एशिया में होने लगी। वे जो भगवान की परवाह नहीं करते, अब भगवान बन गये। और जब वे भगवान बन गये, पुराणों के कई भगवान, शिव से लेकर काली और कृष्ण ने उनको निस्तेज कर दिया।

काफ़ी लोग ये विश्वास करते हैं कि यीशु, अपने अदृश्य सालों में बौद्ध धर्म से बहुत प्रभावित थे और उन्हीं से प्रेरित होकर चर्च की स्थापना की, वह विचार जो यहूदी विश्वास के लिए पहले अपरिचित था। जब चर्च प्रभुत्वशाली हो गया तो रोमन साम्राज्य ने उसे अपना लिया। रोम में टैक्स अदायगी के लिए भूमि अधिग्रहण की जगह, नये जनरल एक असली भगवान के लिए आत्मा पर अधिकार करने लगे। बाद में विज्ञान के विकास के साथ, भगवान धर्मनिरपेक्ष 'धन' हो गये और ज्ञान का युग साम्राज्यवाद का युग बन गया। धर्मनिरपेक्ष विचार ने चर्च के सिद्धान्तों पर अपना प्रभाव डाला-धर्मान्तरण के पाठ मार्केटिंग विभाग की तरह हो गये। ब्रांड और रॉकस्टार अब नये भगवान हैं।

धर्म परिवर्तन यह मानता है कि अन्त में एक कहानी रहेगी। पुन: परिवर्तन का ऐसा मानना है कि कुछ कहानियों पर संकट है। कहानियों का मूर्त रूप-रिवाज, परम्परा, प्रतीक भले नष्ट हो जायें, पर

विचार (मानस, वेदों में), वे कभी नष्ट नहीं होते। कहानी का अमूर्त रूप अनन्त होता है (सनातन, वेदों में) और निरन्तर परिवर्तनशील (अनित्य, वेदों में) रहता है।

हम भूल जाते हैं कि कहानियों को कहानियाँ प्रभावित करती हैं। जैसे बौद्ध धर्म, ईसाई धर्म को प्रभावित कर सकता है वैसे ही ईसाई धर्म, पूँजीवाद और कम्युनिज़्म को और एक असली भगवान की कहानी, सत्य खोजने वाले वैज्ञानिकों को और उसी तरह हिन्दू धर्म के अनन्त ईश्वर की कहानी, आतंकवादियों और कार्यकर्ताओं के सीमित सत्य को प्रभावित कर सकती है।

हिन्दू धर्म लोगों के मन और पुराने विचारों को हटाने में विश्वास नहीं करता। वे उनके मन के विस्तार और नये विचारों को जोड़ने में विश्वास रखता है। इसलिए धर्म परिवर्तन की कोई ज़रूरत ही नहीं है, सिर्फ़ ज्ञान, अनुकूलता और सहानुभूति चाहिए।

धर्मग्रन्थ

30

वेद क्या हैं?

हिन्दू धर्म की जड़ें वेदों में हैं। लोग इस विषय पर विभाजित हैं कि इसका तात्पर्य मूल धर्मग्रन्थों से है या सिर्फ़ आत्मा के विचार से। पहले से दूसरे में फ़र्क़ की वजह से पहले को वेदान्त कहते हैं।

तीन हज़ार वर्ष पूर्व यज्ञों के दौरान मन्त्रों का प्रयोग होता था जो समाज में मुख्य भूमिका निभाते थे। इन रीति-रिवाजों की नियमावली को ब्रह्मन कहा जाता था, क्योंकि इन रीतियों से ब्रह्म को जाग्रत किया जाता था, उस महान रहस्यमयी शक्ति को, जो ब्रह्मांड को अनुप्राणित करती। इन मन्त्रों के संग्रहित रूप को संहिता कहा जाने लगा। सबसे पहला संग्रह ऋग संहिता था। इनमें जो ज्ञान होता उसे वेद कहते। बाद में दूसरे संग्रह भी आये, जैसे यजुर, साम और अथर्ववेद, जिनमें ऋग संहिता की अलग-अलग संख्या में कई स्तुतियाँ थीं। इन नियमावलियों के धारक और इन रीतियों के प्रदर्शन करने वाले ब्राह्मण कहलाये। रीति-रिवाज की पद्धति को कर्मकाण्ड कहा जाता। बाद में, इस पथ को पूर्व-मीमांसा यानी पहली जाँच-पड़ताल कहा जाने लगा।

बहुत से लोग मन्त्रों को अलग तरीक़े से देखते थे। ये महसूस करते कि स्तुतियों को सुनना और उनका चिन्तन करना चाहिए।

चिन्तन, ब्रह्माण्ड के बारे में आध्यात्मिक सत्य उजागर करता है। बुद्धिजीवी परिप्रेक्ष्य को ज्ञान काण्ड कहते हैं और अन्ततः इसे उत्तर-मीमांसा कहा जाने लगा, यानी बाद की जाँच-पड़ताल। इस तरीक़े ने उस पाठ संग्रहण को प्रेरित किया जो आरण्यक या वन पाठ कहलाया, यह इंगित करता है कि इस तरीक़े को मानने वाले संन्यासी थे, जो समाज में फलने-फूलने वाले ब्राह्मणों से काफ़ी अलग थे। बहुतों का ऐसा मानना है कि वन पाठ लिखने वाले राजा और योद्धा थे जो कर्मकाण्डी ब्राह्मणों को नकारते थे। इन आरण्यकों के संकलन के बाद इन्हें उपनिषद् कहा जाने लगा-यथार्थ की प्रकृति पर संवाद और विमर्श।

राजा जनक ने एक बड़ी सभा में इन विचारों पर परिचर्चा आयोजित की। यह विचार-विमर्श इतना गूढ़ था कि यह निष्कर्ष निकला कि ये वैदिक ज्ञान या वेदान्त का शीर्ष है। यहीं पर हमें आत्मा या वास्तविक स्वरूप का विचार मिला, जो हिन्दू धर्म का मुख्य स्तम्भ है।

ये ऋषि फिर कौन थे? ये वो ऋषि कवि थे जो वैदिक ज्ञान से क़रीबी रूप से जुड़े हुए थे। ये नगरनिवासी थे या फिर वनवासी थे? यह स्पष्ट नहीं है। माइथोलॉजी में यज्ञ और तपस्या दोनों करने वाले लोग होते हैं। यज्ञ एक बाहरी परम्परा है जबकि तपस्या एक आध्यात्मिक तरीक़ा है जिसमें भौतिक संसार से दूर चिन्तन, ध्यान और एकाग्रता में लीन होते हैं।

कुछ लोग वनवासियों का वर्गीकरण आगे भी करते हैं, जिसमें तान्त्रिक और योगी भी थे। तान्त्रिक, भौतिक संसार को शक्ति के लिए पसन्द करते थे-जिसे विभिन्न विधियों से-इच्छानुसार बदला जा सकता था। योगी, भौतिक संसार को भ्रम मानते थे। समाख्या यानी विश्लेषण और स्तुतियों के योग और अनुभव से वो भौतिक संसार के परे देख पाते और आध्यात्मिक यथार्थ का अनुभव करते।

बीतते समय के साथ, समाज का कर्मकाण्डी ब्राह्मणों और वनवासी साधुओं दोनों से अपने आप को जोड़ना मुश्किल लगने लगा, क्योंकि उनके तरीक़े रहस्यमय और तनी भवों वाली फ़िलॉसफ़ी थी। वो बौद्ध भिक्षुओं या साधुओं के साधारण मार्ग की तरफ़ मुड़ने लगे। बौद्ध भिक्षु, वनवासी साधुओं का ज्ञान जनता तक पहुँचाने लगे। ब्राह्मण बोलते कि सभी समस्याओं का समाधान कर्मकाण्डों में है जबकि भिक्षुओं के अनुसार सभी समस्याएँ दिमाग़ की उपज हैं। इनको सुलझाने का तरीक़ा आत्मसंयम और ध्यान है। आत्मसंयम का मार्ग, बौद्ध विश्वास के भिक्षुओं ने दिखाया। यह पाँच सौ ईसा पूर्व के क़रीब हुआ।

ब्राह्मणों को समझ में आने लगा कि बौद्ध और जैन धर्म उनकी जगह ले रहे हैं। उन्हें अपने आप को पुन:परिभाषित करने और लोगों तक पहुँचने की ज़रूरत है। वैदिक सत्य सिर्फ़ विशिष्ट दायरे में पुरोहितों और दार्शनिकों तक सीमित नहीं रह सकता। उन्हें जनता तक पहुँचाना ज़रूरी है जिसका ज़रिया कहानियाँ हैं।

कहानियाँ हमारी विधि-विधान परम्परा का हमेशा ही हिस्सा रही हैं। यज्ञ करने वाले पुरोहितों और राजाओं का मन बहलाने ले लिए ये कहानियाँ सुनाई जाती थीं। कालान्तर में ये कहानियाँ, वैदिक सत्य का वाहन बनीं, इतनी ज़्यादा कि कहानी को सुनना यज्ञ करने के समान समझा जाने लगा। इन कहानियों में गूढ़ वैदिक विचार प्रतीकात्मक और कथात्मक रूप से बाँधा जाने लगा। धर्म जो इन कहानियों से फैलने लगा वो उस धर्म से बहुत अलग था जो भिक्षुओं के आने से पहले था। बौद्ध धर्म से पहले के धर्म को वैदिक धर्म और उसके बाद वाले को हम अब हिन्दू धर्म के नाम से जानते हैं।

हिन्दू धर्म कहानियों से फैला। और कहानियाँ तीन विचार संचारित करती हैं : कर्म योग, भक्ति योग और ध्यान योग। कर्म योग या काम का रास्ता पहले के कर्मकाण्ड से बहुत अलग था। पहले

कर्म का अर्थ सिर्फ़ कर्मकाण्ड करने से था, पर बाद में, कर्म का अर्थ सामाजिक दायित्वों और कर्तव्यों के निर्वहन से होने लगा। कहानियों में गृहस्थ जीवन की प्रशंसा संन्यासी से ज़्यादा होने लगी। भक्ति योग या प्रार्थना के मार्ग ने ब्राह्मण के प्राचीन वैदिक ज्ञान को आकार दिया, वे दैवी शक्तियाँ जिनका यज्ञ के समय आह्वान किया जाता। इससे भगवान के विचार का उदय हुआ। कहानियों के माध्यम से ईश्वर के साथ एक भावनात्मक सम्बन्ध पर ज़ोर दिया जाने लगा। ज्ञान योग या आत्ममन्थन के मार्ग ने कर्म योग और भक्ति योग को एक बौद्धिक आधार दिया। शंकर, अभिनवगुप्त, रामानुज, मध्व और वल्लभ जैसे शिक्षकों या आचार्यों ने इसे प्रचारित किया। यह आवश्यक रूप से वैदिक ज्ञान था जिसे अब हम वेदान्त कहते हैं।

ब्राह्मणों ने यह महसूस किया कि रीति-रिवाज समुदायों को जोड़ने में महत्त्वपूर्ण भूमिका निभाते हैं। इसलिए रीतियों को पूरी तरह नहीं छोड़ा गया। रीतियों को कहानियों में पिरोया जाने लगा। नयी रीतियाँ उभरने लगीं जो सरल थीं, जिन्होंने पहले के यज्ञ की जगह ले ली। कुछ कहानियाँ, किसी छवि या धार्मिक स्थान के इर्द-गिर्द होतीं। इसलिए तीर्थस्थलों पर जाने, पवित्र नदी और तालाबों में नहाने, और सबसे ख़ास मन्दिरों में रखी पवित्र मूर्तियों को देखने की परम्परा शुरू हुई। इसे दर्शन कहते या मूर्ति को देखना और यह कहानी सुनने जैसा था जिसे वैदिक सत्य के क़रीब पहुँचने के समान माना जाने लगा। एक रीति जिसे यज्ञ ने विस्थापित किया वो थी पूजा, जो प्राणहीन वस्तु में जीवन का संचार करती। लोग मूर्ति को भेंट चढ़ाने लगे, पहचानी जा सकने वाली मानवरूपी मूर्तियों को और सिर्फ़ अग्नि को ही नहीं। धीरे-धीरे भव्य मन्दिर प्रांगण में चट्टानों, पत्थर और धातु से मूर्तियाँ बनने लगीं जिन्हें दैवी शक्ति के स्रोत में परिवर्तित किया जाने लगा।

पूजा, मानव और ईश्वर के बीच के निजी सम्बन्ध को बढ़ावा देने लगी। इसलिए बाहरी मन्दिरों के साथ-साथ घर के भीतर मन्दिर

बनाने के लिए लोगों को प्रोत्साहित किया जाने लगा। ईश्वर का एक जीवित अस्तित्व हो गया जो ग्राम मन्दिर और गृह मन्दिर में साथ-साथ रहने लगे। उन्हें एक अतिविशिष्ट अतिथि की तरह भोजन, वस्त्र और उपहारों से सम्मान दिया जाता। वैदिक भगवानों के विपरीत जो काफ़ी दूरस्थ, सिर्फ़ यज्ञों द्वारा हासिल होने वाले थे, यह भगवान आसानी से प्राप्त किये जाने वाले और मूर्त स्वरूप में थे।

ये परिवर्तन, जो कर्मकाण्डों से बौद्धिक, और फिर भावनात्मक हुआ, उसने भारत में वैदिक सत्य का क़रीब तीन हज़ार सालों तक जीवित रहना सुनिश्चित किया। एक समय था जब संस्कार पाठ और वन्य पाठ में काफ़ी गहरी खाई थी। आज भी वैसी ही खाई उभर रही है। एक तरफ़ कहानियाँ हैं, रीतियाँ और हिन्दू धर्म की भव्य छवियाँ। दूसरी तरफ़ वैदिक पाठों से ली गयी फ़िलॉसफ़ी है। दोनों के बीच के सम्पर्क को बहुत कम ही समझ पाते हैं। इस बन्धन को समझ पाना ही आज के समय की माँग है।

31

तमिल वेद क्या है?

तीन किताबों को तमिल वेद के रूप में पहचाना गया है (जिसे स्थानीय रूप से द्रविड़ वेद या तमिल मराई कहते हैं) :

- तिरुक्कुराल, एक धर्मनिरपेक्ष किताब जिसमें वल्लुवर की लिखी तेरह सौ नैतिक वाणियाँ हैं जो क़रीब दो हज़ार वर्ष पुरानी हैं और शायद इनकी शुरुआत जैन धर्म में है।
- तेवरम, एक शैव किताब जिसमें नयनार के लिखे आठ सौ भक्ति गीत हैं जो क़रीब एक हज़ार साल पुराने हैं। ये दक्षिण भारत के शिव मन्दिरों में गाये जाते हैं और इनका महत्त्व संस्कृत वैदिक स्तुतियों से अधिक है।
- दिव्य प्रबन्धम्, एक वैष्णव किताब जो आलवार द्वारा लिखित है और जिसमें चार हज़ार भक्ति गीत हैं जो क़रीब एक हज़ार साल पुराने हैं। ये दक्षिण भारत के विष्णु मन्दिरों में गाये जाते हैं और इनका महत्त्व संस्कृत वैदिक स्तुतियों से अधिक है।

वैदिक स्तुतियाँ, सिन्धु के मैदानी इलाक़े में क़रीब चार हज़ार साल पहले रची गयीं। इनको ऋग्वेद में व्यवस्थित किया गया और

यजुर्वेद में रीतियों के साथ जोड़ा गया और गंगा के मैदानी इलाक़ों में सामवेद में संगीत माधुर्य क़रीब तीन हज़ार साल पहले जुड़ा। पच्चीस सौ वर्ष पूर्व, भिक्षु या संन्यासी परम्परा जैसे बौद्ध धर्म और जैन धर्म ने गृहस्थ परम्परा के कर्मकाण्डों को चुनौती दी और संस्कृत की बजाय प्राकृत के लिए अपनी पसन्द ज़ाहिर की। ये साधु वैदिक ब्राह्मणों के साथ दक्षिण गये।

कुछ ने यह भी सिद्धान्त दिया कि ये वो ऋषि थे जिनसे दक्षिण में गोदावरी की तरफ़ जाते समय राम मिलेय इन ऋषियों ने राम को किष्किन्धा के वानरों, आधुनिक दक्कन के पठार और राक्षसों के बारे में बताया जो दक्षिण में आगे रहते थे। पर ये सब अनुमान हैं।

भारतीय उपमहाद्वीप में सभ्यता का पहला शिला़लेखीय साक्ष्य तेईस सौ वर्ष पूर्व अशोक के शिलालेखों या राजविज्ञप्ति में मिलता है, और खारवेल का इक्कीस सौ वर्ष पुराना अभिलेख जो सबसे पहली बार दक्षिण के चोल, पाण्ड्य और चेर राज्यों का ज़िक्र करता है। पुरातत्त्ववेत्ताओं ने तमिल ब्राह्मी लिपि, और तमिलनाडु के इस समय के शहर और बन्दरगाहों में रोमन स्वर्ण मुद्राएँ जो एक सम्पन्न व्यापार को दर्शाती हैं, को ढूँढ़ा है। यहाँ प्राचीन तमिल बोली जाती थी जिससे फिर अन्य भाषाएँ जैसे तेलुगु, कन्नड़, तुलु और मलयालम निकलीं।

क़रीब दो हज़ार साल पहले जब उत्तर भारत में *रामायण, महाभारत* और धर्मशास्त्र की रचना हो रही थी, तमिल भूमि पर प्रेम और विरह (आन्तरिक या अकाम कविता) और युद्ध (बाहरी या पुरम कविता) पर कविता लिखी जा रही थीं। इनके लिखने के काफ़ी सालों बाद, साहित्य की इस विधा को संगम कविता कहा जाने लगा। ये वैदिक रीतियों और साथ-साथ बौद्ध एवं जैन धर्म से घनिष्ठता प्रकट करता है, यह दिखाते हुए कि किस तरह उत्तर के विचार दो हज़ार साल पहले दक्षिण की तरफ़ गये।

पन्द्रह सौ वर्ष पूर्व, तमिल कवियों ने महाग्रन्थ *शिल्लापादीकरम* और *मणिमेघालाई* की रचना की जिसमें महिलाओं और साधुओं की मुख्य भूमिका थी। यह इस क्षेत्र में जो आज तमिलनाडु, आन्ध्र प्रदेश, केरल और कर्नाटक है, उसमें जैन और बौद्ध धर्म की लोकप्रियता को दर्शाता है। इसने स्थानीय वैदिक ब्राह्मणों को नीचे ढँक दिया जिसकी वजह से काफ़ी शोर-शराबा मचा।

वेद संवाहक ब्राह्मण दक्षिण में लहरों की तरह आये। संस्कृत महाभारत का प्राचीनतम संस्करण, जो शारदा लिपि में लिखा गया था, वह केरल उन ब्राह्मणों के माध्यम से पहुँचा जो अपनी ऊपरी चोटी को आगे (पूर्व शिखा) की तरफ़ बाँधते थे। जो ब्राह्मण अपनी चोटी पीछे (अपरा शिखा) बाँधते थे वो संस्कृत महाभारत का दूसरा संस्करण लाये जो ग्रन्थ लिपि में लिखित विशाल पाण्डुलिपि थी। इन हिन्दू ग्रन्थों ने शिव और विष्णु का विचार पेश किया जिनका द्रविड़ देवताओं मुरुगन, जो पर्वत के शीर्ष पर आसीन हैं और कोत्रावाई, युद्ध की देवी के साथ समानता प्रारम्भ हुई।

फिर बारह सौ साल पहले केरल के आदि शंकराचार्य हुए, जिन्होंने ओंकार से काशी तक, उत्तर भारत की यात्रा की, और फिर पूरे भारत का भ्रमण किया, उन्होंने बहुत ही अद्‌भुत कार्य किये : वैदिक सोच को नये ढाँचे के साथ, पौराणिक देवताओं के द्वारा पुनर्जीवित किया। उन्होंने प्राचीन वैदिक परम्पराओं (निगम) को बाद की पौराणिक परम्पराओं (आगम) के साथ जोड़ा जोकि तीर्थाटन और मन्दिर में भगवानों की पूजा से सम्बन्धित थीं। उन्होंने बुद्ध धर्म की बौद्धिक परम्परा को चुनौती दी और हिन्दू धर्म में आचार्य परम्परा की स्थापना की। उन्होंने कई विद्वानों को संस्कृत में ईश्वर की प्रकृति पर उपनिषद् और भगवद्‌गीता के आधार पर टिप्पणी लिखने को प्रोत्साहित किया।

उसी समय, नाथमुनि जैसे ब्राह्मणों ने आलवार कवियों की

स्तुतियों का संकलन किया और कुछ की रचना भी की। बाद में आचार्यों जैसे रामानुज, जो एक हज़ार साल पहले हुए, और जो अपनी छात्रवृत्ति और प्रशासनिक कला के लिए विख्यात थे, उन्होंने वैष्णव तमिल वेद (दिव्य प्रबन्धम) का श्रीरंगम और अन्य महत्त्वपूर्ण वैष्णव मन्दिर परिसरों के रिवाजों के साथ एकीकरण किया। उसी प्रकार, नायनार सन्त कवि जैसे सम्बन्धार और अप्पार ने शिव प्रशंसा में भजन लिखे, और जैन, बौद्ध और वैष्णव तरीक़ों को चुनौती दी। शैव तमिल वेद (तेवरम) और शिव सिद्धान्त फ़िलॉसफ़ी का एकीकरण हुआ और चिदम्बरम और अन्य शैव मन्दिर परिसरों की रीतियों का भी। इन्हें चोल, पल्लव और पाण्ड्य शासकों से शाही संरक्षण भी मिला।

तमिल कल्पना में सभी कुछ बहुत पहले शुरू हो गया। समय की शुरुआत के समय, शिव ने वेदों पर प्रवचन दिया और इसलिए सभी ऋषि उत्तर की तरफ़ बढ़े, जिसकी वजह से धरती झुक गयी और तब शिव ने अपने सर्वोत्तम शिष्य अगस्त्य को दक्षिण जाने का आदेश दिया। अगस्त्य उत्तरी पर्वत पालनी को अपने कन्धों पर और कावेरी नदी को अपने कमण्डल में लेकर दक्षिण आये। उन्होंने तमिल व्याकरण को व्यवस्थित किया। उन्होंने अपना ज्ञान शिष्यों को दिया, जिसमें से एक ने तोलकप्पियम, तमिल व्याकरण पर सबसे पहली पुस्तक लिखी।

बारह सौ साल पहले, शंकराचार्य के समय, तोलकप्पियम पर एक टिप्पणी में, पाण्ड्य शासकों द्वारा आयोजित तमिल कवियों के तीन महासम्मेलनों का ज़िक्र है जिसमें देवता भी शामिल हुए और तमिल कविता का पाठ हुआ था। पहले दो सम्मेलन जहाँ हुए थे उन तटीय शहरों को सुनामी जैसी बाढ़ ने पूरी तरह मिटा दिया था। हाल की पुरातात्त्विक खुदाई से पता चलता है कि तीसरा सम्मेलन प्राचीन मदुरै में दो हज़ार वर्ष पहले हुआ होगा।

इन भव्य तमिल शहरों का उल्लेख, जहाँ सन्त कवियों का

सम्मेलन हुआ, जिनके दक्षिण पूर्व एशिया से लेकर मध्य पूर्व तक व्यापारिक सम्बन्ध थे, जो बाढ़ में ख़त्म हो गये, इस सिद्धान्त को बताते हैं कि पाँच हज़ार वर्ष पूर्व हड़प्पा सभ्यता में आर्यों द्वारा बोली जाने वाली संस्कृत ने द्रविड़ भाषा को विस्थापित कर दिया, जो खूब फल-फूल रही थी। उत्तर भारत से तमिल को हटाये जाने की बात दक्षिण भारतीयों के बीच क़ाफ़ी लोकप्रिय है। उसके विपरीत, बहुत से उत्तर भारतीय ये मानते हैं कि शुरू से ही या क़रीब बारह सौ वर्ष पूर्व पूरे भारतीय उपमहाद्वीप में, यहाँ तक कि हड़प्पा सभ्यता के शहरों में देवताओं की भाषा संस्कृत बोली जाती थी और तमिल केवल संस्कृत की एक शाखा है। इनमें से कोई भी दावा विद्वानों का नहीं है, ये राजनीतिक हैं जिन्हें राजनेताओं के लिए छोड़ देना चाहिए।

एक बात जो तय है वो यह कि तमिल साहित्य का दो हज़ार वर्षों का इतिहास है। इन्होंने धर्मनिरपेक्ष तमिल वेद, *तिरुकुर्रल* दिया जिसमें वैदिक, बौद्ध और जैन संस्कृतियों के विचार समाहित थे। क़रीब एक हज़ार साल पहले साहित्य में भक्ति मार्ग में उपजे सन्त कवि नयनार और आलवार ने, शैव और वैष्णव तमिल वेद दिया जिसने हिन्दू धर्म को हमेशा के लिए बदल दिया।

ईश्वर से प्रगाढ़ सम्पर्क का यह काल हिन्दू धर्म में एक क्रान्ति की तरह था : एक स्तर पर यज्ञ परम्परा, मन्दिर परम्परा द्वारा उपेक्षित की गयी और दूसरे स्तर पर ईश्वर के साथ भावनात्मक सम्बन्ध पर, पुरोहितों के कर्मकाण्डी संस्कार से ज़्यादा ज़ोर दिया जा रहा था। कम्बन ने रामायण की तमिल में व्याख्या की और कई कवियों को दूसरी स्थानीय भाषाओं में ऐसा करने के लिए प्रेरित किया। इसलिए दक्षिण में कई रामायण उत्पन्न हुईं, उसी तरह पूर्व और अन्ततः उत्तर और पश्चिम में भी। विद्वान इस बात से आश्वस्त थे कि भावपूर्ण भक्ति और देव एवं भक्त के बीच निजी सम्बन्ध, जो ब्राह्मण और मन्दिर को परे हटाता है, की शुरुआत दक्षिण में हुई और फिर उत्तर में यह

फैला। इसलिए हम कह सकते हैं कि एक हज़ार वर्ष पूर्व भारत में भक्ति आन्दोलन की शुरुआत तमिल वेद से हुई।

32

मनुस्मृति मूलतः क्या है?

मनुस्मृति वो दस्तावेज़ है जिसमें मानव समाज के नियमों का संकलन है। अठारह सौ वर्ष पूर्व ये अस्तित्व में आयी, उसी दौरान जब यज्ञ आधारित वैदिक हिन्दू धर्म, मन्दिरपरक पौराणिक हिन्दू धर्म में परिवर्तित हो रहा था। यह मनु संहिता को प्रस्तुत करती है परन्तु इसका शाब्दिक अर्थ, मनु की मीमांसा है। इसलिए लोग यह समझते हैं कि मनुस्मृति, हिन्दुओं की क़ानूनी पुस्तक है, जैसे कि मुस्लिमों की शरिया, या कैथोलिक ईसाइयों की हठधर्मी या फिर भारत का संविधान। पर यह अनुमान ग़लत है। ये आचार के नियम, ब्राह्मणों द्वारा ख़ासकर ब्राह्मणों के लिए ही संग्रहित किये गये और शायद अन्य उच्च जाति वर्गों, ख़ासकर राजाओं के लिए भी। ये धर्मशास्त्र का एक हिस्सा है।

मनुस्मृति की रचना क़रीब दो सौ सन् में हुई। हमें यह इसलिए पता है क्योंकि यह सक (उत्तर पश्चिमी जनजाति) और चीन (चाइना) का ज़िक्र करती है जिन्होंने भारत से इस दौरान सम्बन्ध स्थापित किये। यह स्वर्ण मुद्राओं का भी उल्लेख करती है जिनका पुरातात्त्विक साक्ष्यों के अनुसार इसी दौरान प्रयोग शुरू हुआ। और कामसूत्र जो इसी समय

रचा गया उसका भी ज़िक्र मिलता है।

मनुस्मृति, धर्मशास्त्रों में विशिष्ट है क्योंकि इसे एक धार्मिक ग्रन्थ की तरह प्रस्तुत किया गया है, एक पुराण, जो संसार की उत्पत्ति से शुरू होता है, चार वर्णों की संरचना, चार वर्णों के नियम, विपरीत परिस्थितियों में समुचित क़दम, उल्लंघन के समय समाधान और मानव जीवन के दो महान निष्कर्ष, इस जीवन के कर्मों का फल दूसरे जन्म में प्राप्त करना या जन्म-मृत्यु के चक्र से मुक्ति, इन सबकी व्याख्या करती है।

वेद, जिन्हें श्रुति कहा जाता है, जिन्हें हम सुन सकते हैं, और जो शाश्वत दिव्य रहस्यों को उजागर करते हैं, उनसे अलग मनुस्मृति या मानव धर्मशास्त्र, स्मृति (जिसे हम याद रखते हैं) है, जो मानव कृत है जो काल, स्थान और पात्र के हिसाब से बदलती रहती है।

हिन्दुओं का ऐसा मानना है कि जीवन को अधिक अर्थपूर्ण (पुरुषार्थ) बनाने के लिए हमें चार लक्ष्यों को हासिल करने के लिए साथ-साथ प्रयत्नशील होना चाहिए : सामाजिक उत्तरदायित्व (धर्म), धन को अर्जित और वितरित करना (अर्थ), आनन्द लेना (काम) और किसी से भी ज़्यादा मोह न करना (मोक्ष)। इन चारों लक्ष्यों से सम्बन्धित जानकारी के व्यवस्थित रूप को शास्त्र कहते हैं। इसलिए हमारे पास, धर्मशास्त्र, अर्थशास्त्र, कामशास्त्र और मोक्षशास्त्र हैं।

इन शास्त्रों का संकलन ब्राह्मणों द्वारा मौर्य शासनकाल से प्रारम्भ हुआ। प्रारम्भ में इनकी रचना याद करने की आसानी को ध्यान में रखते हुए गद्य में हुई, वाक्य छोटे और संक्षिप्त होते थे। ये सूत्र थे। बाद में गद्य के स्थान पर पद्य या कविता (श्लोक) ने जगह बनाई।

अपस्तम्भ, गौतम, बौधायन ने प्रारम्भिक धर्मशास्त्रों का संकलन कियाय चाणक्य ने अर्थशास्त्र, वात्स्यायन ने कामशास्त्र; और कई विचारकों जैसे पतंजलि और बद्रायण ने विभिन्न मोक्षशास्त्र, जैसे योग

और वेदान्त को संकलित किया। संकलन शब्द का प्रयोग ध्यान देने लायक है क्योंकि विद्वानों ने यह माना कि वह एक विशाल एवं प्राचीन परम्परा का हिस्सा हैं और उनका ज्ञान उनके बाहर, वेदों से उपजा है।

मनुस्मृति के प्रारम्भ का श्रेय ब्रह्मा, रचयिता को है, जिन्होंने ये ज्ञान सबसे पहले मानव, मनु को दिया, जिन्होंने इसे पहले शिक्षक भृगु को, और उन्होंने इसे अन्य साधुओं को दिया। जब से इसकी रचना हुई इसे सर्वोपरि धर्मशास्त्र के रूप में देखा जाता है जिसने अन्य नियम पुस्तकों को पीछे धकेल दिया। धर्मशास्त्रों पर सर्वाधिक टिप्पणियों के लिए मनुस्मृति का नियम संहिता की तरह प्रयोग किया जाता है। इसकी विषयवस्तु की रूपरेखा वेदों में मिलती है, और उनके रीति और रिवाजों की जो वेदों के जानकार हैं।

मनुस्मृति, उस वैदिक विचार से साम्य रखती है जिसमें समाज में चार समुदाय हैं : जो वेदों के जानकार हैं (ब्राह्मण), जो भूमि पर अधिकार रखते हैं (क्षत्रिय), जो व्यापार करते हैं (वैश्य) और वे जो सेवा देते हैं (शूद्र)। ख़ास तौर पर, धर्मशास्त्र ब्राह्मणों की संहिता को क्षत्रियों से ज़्यादा महत्त्व देते हैं। शासनतन्त्र को अर्थशास्त्र में विस्तृत किया गया है। हालाँकि, मनुस्मृति ब्राह्मणों और क्षत्रियों की संहिता को समान महत्त्व देती है और इस तरह अर्थशास्त्र को प्रभावी रूप से धर्मशास्त्र का हिस्सा बनाती है। इस प्रकार, जहाँ प्रारम्भिक धर्मशास्त्र सिर्फ़ ब्राह्मणों की संहिता को नियमित करने को इच्छुक थे, मनुस्मृति ने क्षत्रियों की भी संहिता नियमित करने पर ध्यान दिया।

कुल पच्चीस सौ छन्दों में से, एक हज़ार ब्राह्मणों के लिए, 1000 राजा के लिए, वैश्यों के लिए सिर्फ़ आठ, और शूद्रों के लिए सिर्फ़ दो थे। इससे यह स्पष्ट है कि फ़ोकस पूरे समाज पर न होकर केवल ब्राह्मणों और राजाओं के साथ उनके सम्बन्ध पर है। इस नीति ने यह सुनिश्चित किया कि बौद्ध और जैन धर्म के उभरने के बावजूद, ब्राह्मणों को प्रधानता और सफलता मिले। यही सिलसिला

हमेशा क़ायम रहा, मुग़ल काल में भी, यहाँ तक कि ब्रिटिश काल और आज़ादी के बाद भी नौकरशाही पर ब्राह्मण प्रभुत्व क़ायम रहा।

उन्नीसवीं शताब्दी में, बहुत से यूरोपीय भी मनुस्मृति को मानने लगे क्योंकि यह जीवन के प्रति आस्था को मज़बूत करने वाली और संसार विमुख बुद्ध के विपरीत थी। इसी दौरान बुद्ध, यूरोप में एक महान संन्यासी के रूप में लोकप्रिय हो रहे थे। उन्नीसवीं शताब्दी में शिक्षितों को मनुस्मृति के अंशों को पढ़ने की सलाह दी जाती। बीसवीं शताब्दी में चीज़ें बदल गयीं। जाति एक महत्त्वपूर्ण राजनीतिक मुद्दा बन गयी, मनु को जाति व्यवस्था को ज़्यादा संस्थागत रूप देते देखा गया और बुद्ध उसे अस्वीकार करते। मनुस्मृति को भारत में असमानता फैलाने के ज़रिये की तरह देखा जाने लगा जिसकी वजह से सार्वजनिक रूप से इसको जलाने की कई घटनाएँ हुईं।

मनुस्मृति, अनेक धर्मशास्त्रों में से एक धर्मशास्त्र थी और ज़्यादा इस्तेमाल नहीं की जाती क्योंकि भारत पर मुस्लिम शासकों का आधिपत्य था, जैसे, दिल्ली, दक्कन और बंगाल के सुल्तान। जब अंग्रेज़ों ने मुग़लों से भारत का शासन अपने हाथ में लिया तो उन्होंने जनता के लिए नियम बनाये। मुस्लिमों के लिए मौजूदा शरिया क़ानून लागू हुआ, पर हिन्दुओं के लिए कुछ नहीं था। इसलिए उन्होंने मनुस्मृति को पुनर्जीवित किया और उसे हिन्दू क़ानून पुस्तक की तरह देखने लगे, जो उनका उद्देश्य कभी नहीं था। इस तरह मनुस्मृति विश्व प्रसिद्ध हो गयी। इस समय तक, भारतीय समाज में महिलाओं की स्थिति और जाति व्यवस्था क़ाफ़ी प्रवाहमयी थी, जो क्षेत्रीय सन्दर्भ के अनुसार बदलती रहती थी। पर अंग्रेज़ों ने उसे निश्चित किया। इसी ने धीरे-धीरे फूट डालो और शासन करो कि ब्रिटिश नीति और आज़ादी के बाद वोट बैंक पॉलिटिक्स का भी मार्ग प्रशस्त किया।

मनुस्मृति उस समय, जेनेटिक विज्ञान के अनुसार लिखी गयी, जब जाति वर्ग प्रगतिशील तौर पर काफ़ी अंतर्विवाही होती जा रही

थी, जहाँ विजातीय विवाह के ख़िलाफ़ कड़े नियम थे (आज भी भारत में गैर-जातीय विवाह दस प्रतिशत से भी कम होते हैं)। इसका अर्थ यह था कि एक संस्था के तौर पर जाति दो हज़ार साल पहले ही, ग़ैरजातीय विवाह के ख़िलाफ़ और काफ़ी कठोर थी। पर यह मनुस्मृति की वजह से नहीं था। मनुस्मृति पर जिसका दोषारोपण किया जाता है उस उद्‌देश्य हेतु वो सक्षम थी ही नहीं। यह सिर्फ़ पहले से प्रचलित सामाजिक व्यवस्थाओं का संकलन है। इसका तात्पर्य कभी भी सभी जातियों से नहीं था बल्कि यह ब्राह्मणों के लिए नियमावली थी। यह शायद कभी याद भी नहीं रहती, लाइब्रेरी में खो जाती, या सिर्फ़ विशेषज्ञ विद्वानों द्वारा इस्तेमाल होती अगर अंग्रेज़ों ने इसका प्रयोग शासन चलाने हेतु एक ज़रिये के रूप में न किया होता।

33

क्या मनु संहिता जाति व्यवस्था को मान्यता देती है?

हिन्दुओं की कभी कोई क़ानून की क़िताब नहीं रही जैसे कि यहूदियों की तालमुड़ या फिर मुसलमानो की हदीथ या फिर फ्रांसीसी क्रान्ति के दौरान 1789 में प्रकाशित, डेकलेरेशन ऑफ़ मैन जैसा कोई दिशा निर्देशक स्टेटमेंट। इस तरह यह कह सकते हैं कि मनुस्मृति कोई हिन्दू क़ानून पुस्तक नहीं है।

पाँचवीं शताब्दी ईसा पूर्व के आसपास कुछ ब्राह्मणों ने सामाजिक आचार-विचार को लिखित करने का सोचा। इन पुस्तकों को धर्मशास्त्र के नाम से जाना गया। यह सभी हिन्दुओं के लिए नहीं थे बल्कि सिर्फ़ उन राज्यों तक सीमित थे जहाँ ब्राह्मण सेवारत थे। इन ग्रन्थों की मुख्य विशेषता, स्थान, काल और पात्र के अनुसार इनकी अनुकूलता थी।

उन्नीसवीं शताब्दी में जब अंग्रेज़ों ने भारतीय उपनिवेश में नियमों को संग्रहित करना शुरू किया तो उन्होंने उस किताब को ढूँढ़ने की चेष्टा की जिससे हिन्दुओं के लिए क़ानून बनाने में मदद मिल सके। उन्होंने ऐसा सोचा कि आचार संहिता ब्राह्मणों के पास ही

होगी। आख़िरकार क्या ईसाई मत में पुरोहित क़ानून के रखवाले नहीं होते? बनारस के ब्राह्मणों ने उन्हें वो पुस्तकें दीं जो इन साम्राज्यवादी नियमकर्ताओं को चाहिए थीं-धर्मशास्त्र।

मनुस्मृति कई धर्मशास्त्रों में से एक है। भारतीय समाज पर उनका प्रभाव किसी की भी परिकल्पना हो सकती है क्योंकि हिन्दू धर्म, अब्राह्मी धर्मों की तरह रूढ़िवादी नहीं है। अंग्रेज़ों ने मनुस्मृति का चयन इसलिए किया क्योंकि उन्होंने यह सोचा कि मनुस्मृति का मनु हिन्दू आदम है। यह सब साम्राज्यवादी नीति का हिस्सा था जिसमें प्रशासनिक सुविधा के लिए हिन्दू धर्म को लिखित और एकरूपता देने की कोशिश की गयी। मनुस्मृति का अर्थ मनु की यादें हैं; अंग्रेज़ों ने इसे मनु के नियम बना दिया।

मनुस्मृति और अन्य धर्मशास्त्रों ने जाति और वर्ण के विचार को मिश्रित कर दिया। जाति एक सामाजिक सन्दर्भ है और प्रारम्भ में वर्ण एक मानसिक सन्दर्भ था। जाति पेशेवर संघ थे जो भारत में बौद्ध काल से पाँच सौ ईसापूर्व से मौजूद थे। वर्ण का सन्दर्भ वैदिक ग्रन्थों से आता है। ये प्राकृतिक गुणों पर ज़्यादा आधारित था और असलियत से ज़्यादा आलंकारिक।

वेदों ने यह उद्घोषित किया कि हर समाज मानव कृत प्राणी है जिसके शीर्ष में ज्ञान के मार्ग पर चलने वाले (ब्राह्मण), भुजाएँ जो शक्ति का अनुसरण करते हैं (क्षत्रिय), धड़ जो धन का अनुसरण करते (वैश्य) और पैर जो सेवाएँ देते हों (शूद्र)। मनु ने सैकड़ों जातियों को चतुर्वर्ण के ढाँचे में डाला। जो इन चारों वर्णों में उपयुक्त नहीं बैठते उन्हें पाँचवें समूह (पंचम) में डाला।

हालाँकि ये चतुर्वर्ण ढाँचा सैद्धान्तिक ज़्यादा है। व्यावहारिक तौर पर, उच्च जाति (सवर्ण) और निम्न जाति (अवर्ण या दलित) होती हैं, जिसमें सवर्णों को राजनीतिक और आर्थिक अधिकार थे पर

दलितों को कोई भी नहीं। असल में, निम्न जाति के लोगों को गन्दा समझा जाता। परम्परागत प्रदूषण का विचार हिन्दू रीतियों में साफ़ दिखता है, पर वह बड़े पैमाने पर दक्षिण एशियाई सामाजिक आस्था का हिस्सा है।

पाकिस्तान और बांग्लादेश मुस्लिम देश हैं। इनके निवासियों ने कई शताब्दियों पहले धर्मान्तरण कर लिया, पर यह अभी भी जाति प्रथा का पालन करते हैं ख़ासकर कूड़े और गन्दगी का काम नीची जाति को दिया जाता है। श्रीलंका जो हमेशा बौद्ध राष्ट्र रहा है, जहाँ बहुत कम या न के बराबर हिन्दू प्रभाव है वहाँ भी जाति उत्तराधिकार व्यवस्था है, जिसे मनु के नियम से नहीं समझाया जा सकता।

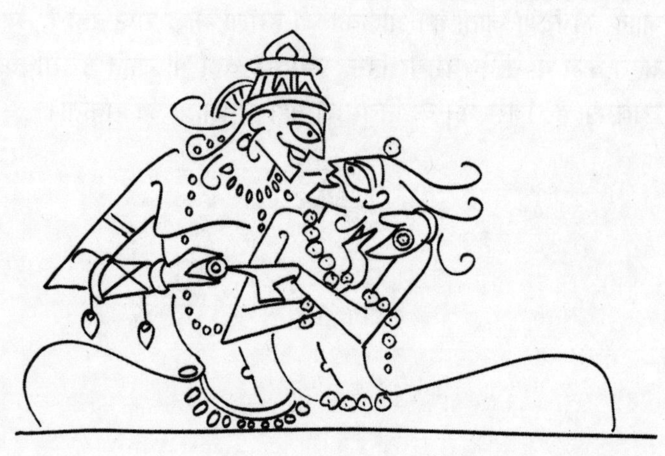

34

मनुस्मृति और धर्मशास्त्र समलैंगिकता पर क्या कहते हैं?

भारतीय सुप्रीम कोर्ट ने 2018 में समलैंगिकता को ग़ैर-आपराधिक घोषित कर दिया, उस औपनिवेशिक क़ानून को हटा दिया जो अब्राह्मी माइथोलॉजी पर आधारित था। समलैंगिकता विरोधी औपनिवेशिक क़ानून (जो अभी भी एशिया और अफ्रीकी उपनिवेशों में माना जाता है) जिसे कुछ इस तरह पढ़ा, या जबरन ग़लत पढ़ा जाता था, वह कहानी जिसमें ईश्वर सॉडम और गोमराह के शहरों को पत्थर और आग से ख़त्म कर देते हैं क्योंकि वहाँ कुछ ऐसी गतिविधियाँ होती हैं जो आचार संहिता के ख़िलाफ़ हैं। ये गतिविधियाँ क्या थीं वे सभी के विश्लेषण के लिए स्वतन्त्र थीं, किस प्रकार कोई प्राचीन अब्राह्मी, हिब्रू या ग्रीक लिपि को समझने की कोशिश करता, यह उस पर निर्भर करता था।

नपुंसक विरोधी (एंटी-क्वीर) संघ यह दावा करता है कि शहर में रहने वाले, समलैंगिक व्यवहार में लिप्त हैं। लेकिन नपुंसक समर्थक (क्वीर समर्थक) इस कहानी को अलग तरीक़े से देखते हैं, उनके अनुसार शहरी अच्छे मेज़बान नहीं होते और अपने अतिथि का अपमान करते हैं। आपको जो पसन्द हो वो सन्दर्भ चुनें। कौतूहल इस

बात का है कि इस घटना के तुरन्त बाद, पितृसत्तात्मक लोग, सॉडम और गोमराह के नष्ट होने से पहले भाग जाते हैं, अपनी ही बेटियों के साथ यौन-सम्बन्ध स्थापित करते हैं और इस व्यभिचार के लिए इन्हें ईश्वर से कोई सज़ा नहीं मिलती।

ऐसी कहानियाँ, जिसमें ईश्वर कुछ यौन-सम्बन्धों के लिए अस्वीकृति और कुछ के लिए स्वीकृति दें, हिन्दू माइथोलॉजी में नहीं मिलती है। बहुत-सी अब्राह्मी परम्पराओं में समलैंगिकता को ईश्वर के ख़िलाफ़ माना गया है, हिन्दू परम्परा में समलैंगिकता को कर्म का हिस्सा माना जाता है। हम सभी अपने कर्मों की कठपुतली हैं और हमारे काम भविष्य के कर्मों में योगदान देते हैं। इसलिए समलैंगिकता कर्मों का फल है जिससे हम लड़ नहीं सकते। हमें इसको समझना होता है।

जैसे विषम लैंगिक इच्छाओं को संयमित करना होता है, उसी प्रकार समलैंगिक इच्छाओं को भी। किस हद तक संयमित करना है वह सन्दर्भ के अनुसार बदलता है। कुछ का मानना है कि यौन-सम्बन्ध सिर्फ़ बच्चे पैदा करने के लिए होते हैं, कुछ मानते हैं कि प्रेम में लोग यौन-सम्बन्ध स्थापित करते हैं, कुछ यहाँ तक कहते हैं कि यौन सिर्फ़ आनन्द के लिए है, इसे ज़्यादा गम्भीरता से नहीं लेना चाहिए। वेद, अग्नि की दो माताओं का उल्लेख करते हैं। इसे क्या सचमुच मानना चाहिए या सिर्फ़ आलंकारिक तौर पर लेना चाहिए?

पुराणों में भगवान हमेशा लिंग बदलते रहते हैं : हर ईश्वर के पास स्त्री शक्ति है : विनायक के पास विनायकी, वाराह की वाराही। शिव, अर्धनारीश्वर, या आधी स्त्री बनते हैं, देवी को प्रसन्न करने के लिए। वे कृष्ण की रास लीला में गोपेश्वर बनकर भाग लेते हैं। बाउल परम्परा में, जब काली कृष्ण बनती हैं, शिव राधा का रूप धरते हैं। विष्णु, मोहिनी का रूप धारण कर ऋषियों और असुरों को सम्मोहित करते हैं। तुलसीदास रचित रामचरितमानस में, भगवान कहते हैं कि वे

सभी प्राणियों से प्रेम करते हैं : पेड़, पशु, आदमी, औरत और नपुंसक, जो दुष्टता का त्याग कर उनकी महिमा के आगे समर्पण करते हैं। इसे हम कैसे समझें? लिंग और यौन आधार के साथ सहजता? कर्मों को स्वीकारना?

सुश्रुत संहिता, जो एक चिकित्सकीय किताब है, इस तान्त्रिक विश्वास को मानती है कि जब स्त्री एवं पुरुष प्रजनन करते हैं तो बच्चे का लिंग और लैंगिकता नर के सफ़ेद बीज और मादा के लाल बीज के अनुपात पर निर्भर करती है। अगर नर का सफ़ेद बीज शक्तिशाली है तो विषमलिंगी पुरुष होंगे, अगर लाल बीज शक्तिशाली है तो विषमलिंगी स्त्री होगी। जब दोनों बीज समान रूप से प्रभावी हैं तो बच्चा, नपुंसक (कलिबा, किन्नर, हिजड़ा) होगा। ज्योतिष शास्त्र, स्थापत्य कला और संगीत पर संस्कृत पुस्तकें, तीनों लिंगों : स्त्री, पुरुष और नपुंसक का उल्लेख करती हैं। इसलिए यह अवस्था शारीरिक तौर पर देखी जाती है, चिकित्सीय स्तर पर नहीं।

धर्मशास्त्रों को इस सन्दर्भ में देखा जाना चाहिए। ये वो किताबें हैं जो सही मानवीय आचरण पर अटकलें लगाती थीं। ये ब्राह्मणों द्वारा उस दौरान लिखी गयीं जब रामायण और महाभारत की भी रचना हुई, उनका अयोनि यौन के प्रति एक लापरवाह दृष्टिकोण है। ये वयस्क स्त्री, पुरुष न सिर्फ़ पुरुषों के बीच, या सिर्फ़ स्त्रियों के बीच सहमतिपूर्ण गुदा मैथुन/मुख मैथुन का संकेत करता है।

कौटिल्य का अर्थशास्त्र एक जुर्माना लेता है, जो छोटी चोरी के जुर्माने के समान है। औरतों पर पुरुषों के मुक़ाबले ज़्यादा जुर्माना लगता है। यह जुर्माना और भी बढ़ जाता है अगर किसी एक साथी की असहमति हो।

मनुस्मृति समलैंगिक यौन को रजस्वला स्त्री के साथ पुरुष के यौन-सम्बन्ध की तरह मानती है, या फिर दिन में यौन-सम्बन्ध

स्थापित करना और इसकी सज़ा शुद्धीकरण क्रियाएँ होती हैं : वस्त्रों के साथ नहाना, रात भर उपवास रखना और फिर गौ मूत्र और दूध का सेवन करना। शुद्धीकरण न करने पर जाति से बाहर किया जा सकता था। विषमलिंगी व्यभिचार और बलात्कार, या कौमार्य भंग करने का जुर्माना काफ़ी ज़्यादा और शुद्धीकरण क्रिया काफ़ी जटिल थी।

धर्मशास्त्र स्पष्ट रूप से विषमलिंगी विवाह और यौन जिससे पुत्रों का जन्म हो उसे ज़्यादा महत्त्व देते हैं। अनिच्छा के साथ वो यौन के अलग तरीक़ों को स्वीकारते तो हैं और साथ ही उन्हें रोकने की कोशिश भी करते हैं, किन्तु प्रत्यक्ष रूप से उनकी बाक़ी यौन अपराधों की तरह निन्दा नहीं करते हैं।

मठीय परम्परा, जैसे बौद्ध और जैन धर्म में, वैराग्य का मान, यौन इच्छाओं, वो समलिंगी या विषमलिंगी हों उसे आध्यात्मिक मार्ग में अवरोध की तरह देखते हैं। चार्वाक या भौतिकवादी परम्पराओं में, जीवित प्राणियों के स्वभाव की जटिलता की प्रशंसा की जानी चाहिए, न कि उनके प्रति निर्णायक बनना चाहिए। इसलिए भारत के विचारों में विविधता है, सामान्यतः खुले विचार, सभी तरह के यौन-सम्बन्धों के प्रति उदारता जिसमें समलैंगिकता भी है, जिसमें बाध्यता, मोह और जुनून के लिए चेतावनी है।

इतिहास

35

क्या हिन्दू धर्म एक आर्य धर्म है?

'आर्य' शब्द का अर्थ क्या है? अगर आर्य का अर्थ कोई नाज़ीवाद से लगाता है तो वह ग़लत है। या फिर आर्य वे लोग होते हैं जो प्रोटो इंडो यूरोपीय (PIE) भाषा बोलते थे, और जो मध्य एशिया होते हुए यूरेशिया से भारत में चार हज़ार वर्ष पहले आये और वैदिक ज्ञान की एक हज़ार साल पहले रचना की, जब वे सिन्धु से गंगा के मैदानी भागों में बसे, तब वह सही होगा परन्तु आंशिक रूप से ही।

जेनेटिक अध्ययन के आने से पहले, आर्यों के विषय में जानकारी दो प्राचीन ग्रन्थों के भाषायी अध्ययन तक ही सीमित थी : ईरान का अवेस्ता और भारत के वेद। स्थापत्य साक्ष्य भी नगण्य थे। उसकी वजह से काफ़ी अटकलें लगतीं, यह विवाद गहरा था कि आर्य भारत आये या भारत से बाहर गये। उनका असली घर क्या था? यूरेशिया या भारत?

लेकिन, अब जेनेटिक अध्ययन से स्पष्ट पता चलता है कि यूरेशिया में छह हज़ार साल पहले घोड़ों को पालतू बनाया गया और यूरेशिया के बाहर पलायन, पाँच हज़ार साल पहले होना शुरू हुआ।

एक शाखा पश्चिम में यूरोप की तरफ़ गयी और दूसरी पूर्व में एशिया की तरफ़। ये दोनों शाखाएँ घोड़े और रथ के पहियों से परिचित थीं। एशियाई शाखा की होम/सोम संस्कार की जानकारी उन्हें विशिष्ट बनाती थी। बाद में यह ईरानी और भारतीय शाखा में बँट गयी। पहली शाखा, देव का इस्तेमाल असुरों के लिए करती और इनका झुकाव एकेश्वरवाद की तरफ़ था, जबकि दूसरी शाखा देव का प्रयोग देवताओं के लिए करती और इनका झुकाव बहु-ईश्वरवाद की तरफ़ था।

वेदों के रचयिता, सरस्वती नदी, जो अब घग्गर कहलाती है, से काफ़ी परिचित लगते हैं। इससे यह संकेत मिलता है कि ये उन शहरों से भी परिचित थे जिसे अब हम हड़प्पा सभ्यता के तौर पर जानते हैं, जो ज़्यादातर उत्तर पश्चिमी भारत के हिस्से में फैले थे और सिन्धु नदी के पास और अब सूख रही सरस्वती-घग्गर के आसपास समूह में थे। यह संस्कृति नष्ट हो रही थी, या लुप्तप्राय थी, जब आर्य भारत में आये। विद्वान इस बारे में पूरी तरह से आश्वस्त नहीं हैं। एक बात जो स्पष्ट है, वह यह कि सिन्धु घाटी से प्राप्त चिह्नों में हाथी और बाघ के चित्र हैं पर घोड़ों के नहीं, और वैदिक श्लोकों में घोड़ों के प्रति ख़ास लगाव-सा दिखता है और हाथी एवं बाघों से अपरिचय नज़र आता है।

रिसर्च ये साबित करती हैं कि सिन्धु घाटी के शहर मौसमी बदलाव की वजह से नष्ट हुए, आक्रमण की वजह से नहीं, जो कि वैदिक सूत्रों के रचे जाने से भी बहुत पहले हुआ। जेनेटिक आँकड़े बताते हैं कि चार हज़ार साल पहले जेनेटिक मिलावट भारत में सामान्य थी : यानी जिन आर्यों ने ऋग्वेद रचा वे हड़प्पा शहर के वंशजों के साथ पहले ही मेलजोल कर रहे थे। इसका अर्थ यह हुआ कि इन पर न तो आक्रमण हुआ और न ही इन्हें ग़ुलाम बनाया गया, जैसी यूरोपीय प्राच्य विद्वान कल्पना करते हैं, बल्कि इन्होंने वैदिक

सूत्रों और विद्वत्ता में अपना योगदान दिया।

जाति पर आधारित जटिल वैवाहिक नियम जिनकी वजह से विशिष्ट जेनेटिक समूह बने उनका उल्लेख दो हज़ार साल पहले ही मिलता है। इसलिए वेद भले ही सामाजिक विभेद यानी वर्ण की बात करते हैं, पेशे पर आधारित जटिल जाति व्यवस्था बाद में उभरी, क़रीब हज़ार साल बाद, और यह कोई आर्यों का आविष्कार नहीं था। पर आज भी यह औपनिवेशिक सिद्धान्त इसलिए उभरता है क्योंकि इसे स्वीकारना सरल लगता है।

उन्नीसवीं शताब्दी में आर्य किसी उत्कृष्ट प्रजाति का ज़िक्र करते हैं, जो गोरे, नीली आँखों वाले, सुनहरे बालों वाले थे, जो युद्ध रथ पर सवार होकर यूरोप से आये और पहले ईरान पर आक्रमण किया, फिर भारत में घुसकर सिन्धु घाटी के शहरों पर क़ब्ज़ा जमाया और लोगों को अपना ग़ुलाम बनाया। इसे भी यूरोपीय उपनिवेशवाद को सही ठहराने के लिए किया गया राजनीतिक प्रचार-प्रसार माना जाता है। जर्मन राष्ट्रवादी इसका इस्तेमाल अपनी प्री सेमिटिक नाजी विरासत का जश्न मनाने के लिए करते हैं। अंग्रेज़ों ने इसका हिन्दुओं को भारत को अपना मानने के कथन को अवैध प्रमाणित करने के लिए प्रयोग किया, यह दावा करते हुए कि उच्चवर्गीय हिन्दू भारत के लिए उतने ही आक्रमणकारी हैं जितने यूरोपीय और मुस्लिम हैं, इसलिए उन्हें भारत को अपना घर कहने का नैतिक अधिकार नहीं है।

इक्कीसवीं शताब्दी में कई हिन्दू राष्ट्रवादी या फिर हिन्दू श्रेष्ठवादी निश्चिन्त थे कि भारत ही आर्यों का असली घर है। आर्यों का उच्चारण विशुद्ध था और वैदिक ज्ञान में, वे पारंगत और पूर्ण थे। यह उस समय की बात है जब वैदिक ज्ञान बाहरी लोगों जैसे ग्रीक, मुस्लिमों या यूरोपियों द्वारा प्रदूषित नहीं हुआ था। इसे भारत के बाहर का सिद्धान्त कहते हैं। जो भी इस सिद्धान्त को नहीं मानता उसे ग़ैर-

राष्ट्रवादी या ग़ैर-हिन्दू माना जाता है, इसलिए यह तर्क राजनीतिक ज़्यादा हो गया है। भारत के बाहर का सिद्धान्त 1980 के दौरान उपजा। इसके अनुसार भारत आर्यों का अपना देश है। आर्यों ने वेदों की रचना की और सिन्धु घाटी के शहरों का निर्माण किया। पहले वे ईरान गये और फिर यूरोप। हालाँकि यह विवाद काफ़ी वैध और तर्कसम्मत है, क्योंकि हाल के जेनेटिक अध्ययन आर्यों के विस्थापन के समर्थन में दिखते हैं। बाद की रिसर्च कुछ और ही सिद्ध करती है।

भारतीय उपमहाद्वीप में क़रीब चार हज़ार साल पहले आर्यों ने प्रवेश किया, यह वह काल था जब सिन्धु-सरस्वती के शहरों का पहले ही पतन हो चुका था। आर्य अपने साथ घोड़े और प्रोटो-इंडो-यूरोपियन भाषा लेकर आये, लेकिन वेद जैसा कुछ नहीं। ये सिन्धु घाटी में, सरस्वती के सूखे नदी के किनारों और पतन की कगार पर खड़े ईंटों वाले शहरों में क्षेत्रीय लोगों से मेलजोल करने लगे। इन लोगों को महान सरस्वती नदी की याद थी जो इस इलाक़े से बहती थी, उन्होंने पुराने सूत्रों को परिष्कृत किया, नये की रचना की जिसका बाद में ऋग्वेद के रूप में संकलन किया गया, उस भाषा में जिसे अब हम वैदिक कहते हैं या पाणिनि से पहले या शुद्ध संस्कृत से पहले की भाषा। इस भाषा के क़रीब तीन सौ शब्द, मुण्डा भाषा से लिए गये हैं, जिसे वेदों से पहले की भारतीय भाषा माना जाता है, साथ ही इस पर स्थानीय प्रभाव भी देखने को मिलता है। क़रीब तीन हज़ार साल पहले, गंगा के हरे-भरे मैदानों की तरफ़ विस्थापन शुरू हुआ, जहाँ यजुर, साम और अथर्ववेद रचा गया। यहीं पर फिर, पच्चीस सौ साल पहले, उपनिषद् क्रान्ति हुई और बौद्ध एवं जैन मठ परम्परा का उदय भी हुआ जिसने उस भारतीय विचार को परिष्कृत किया जो उसे विशिष्ट बनाता है : कर्म में विश्वास और पुनर्जन्म।

हमें उत्पत्ति की राजनीति से सावधान रहना चाहिए जिसके

अनुसार यह भूमि उनकी है जिनकी यहाँ उत्पत्ति हुई; इस तरह यह सभी अप्रवासियों या बंजारों को अवैध घोषित कर देता है। हमें 'शुद्धता की राजनीति' से भी सावधान रहना चाहिए, जो सभी विदेशियों के विरुद्ध है। हमारे पूर्वज अफ्रीका से आये और उन्होंने सारे संसार में आबादी फैलायी जिससे विभिन्न समूह, सम्प्रदाय, गोत्र, प्रजाति, समुदाय और राष्ट्रीयता बनीं। प्राकृतिक आपदाओं (जलवायु परिवर्तन, अकाल) और सांस्कृतिक आपदाओं (युद्ध) की वजह से लोगों को हमेशा ही विभिन्न दिशाओं में माइग्रेट करना पड़ता था, कई बार वे वापस उसी जगह लौटकर आते जिसे उनके पूर्वज बरसों पहले छोड़कर चले गये थे। इसलिए हर जगह उन लोगों की आबादी है जो विभिन्न जगहों से, विभिन्न समय में नये विचार और तकनीक लेकर आये। शुद्ध और समरूप समाज जैसी कोई चीज़ नहीं होती। हर समाज मिश्रित और विविधतापूर्ण होता है। इसी वजह से पुराण कहते हैं कि भले हमारे पिता अलग हों पर एक ही पितामह हैं, ब्रह्मा। कोई बात नहीं अगर वो अफ्रीकी भी हों तो।

आर्यों के बारे में बातचीत में हमें ख़ुद से यह प्रश्न करना चाहिए: हम नस्ल को इतना महत्त्व क्यों देते हैं? यह सिद्ध करना इतना ज़रूरी क्यों है कि सिन्धु घाटी और वेद, मौलिक भारतीय रचना है और प्रवासियों का इससे कोई लेना-देना नहीं? ब्रिटिश उपनिवेशकों ने नस्लीय सिद्धान्त का प्रयोग, फूट डालो राज करो, सिद्धान्त के लिए किया। क्या हम आर्य विस्थापन सिद्धान्त के प्रति असहजता की वजह से नस्लवादी हो रहे हैं? इस सिद्धान्त के पुरज़ोर विरोध में, एक छुपा हुआ सन्देश यह है कि भारत में सभी अच्छी चीज़ें, वेद से लेकर सिन्धु घाटी सभ्यता और शून्य का आविष्कार पूर्णतया भारतीय है जबकि सभी ख़राब चीज़ें जैसे छुआछूत से लेकर नारी द्वेष और समलैंगिकता विदेशियों द्वारा जैसे ग्रीक (जो हिन्दू शासकों द्वारा घृणित माने गये) या मुस्लिम और यूरोपीय (जिन्होंने धूर्तता से हिन्दू राजाओं को उखाड़

फेंका) द्वारा यहाँ आयीं। यह सोच भ्रष्टाचार के भय और शुद्धता की इच्छा से भरी है। क्या आक्रमणकारी और प्रवासी, भारतीय नहीं हो सकते?

36

हड़प्पा की सभ्यता वैदिक थी या फिर हिन्दू?

हड़प्पा सभ्यता एक शहरी, ईंट के भवनों की नगरीय सभ्यता थी जो उत्तर पश्चिमी भारत में सिन्धु नदी, एवं अब सूख चुकी सरस्वती और उसकी सहायक नदियों के किनारे क़रीब पाँच हज़ार से चार हज़ार वर्षों के बीच फली-फूली। विद्धान इसे अक्सर बिना भाषा की सभ्यता के नाम से पुकारते हैं। यह सभ्यता सात सौ सालों तक रही और फिर नष्ट हुई, पर पूरी तरह नहीं। वैदिक काल में, महान सिन्धु नदी में, इनके बहुत से प्रतीक और विचार बचे रहे।

तीन हज़ार साल पहले गंगा के मैदानों में सम्पन्न वैदिक सभ्यता थी। यद्यपि हमारे पास इसके समर्थन में काफ़ी कम पुरातात्त्विक साक्ष्य हैं जैसे मिट्टी के बर्तन, परन्तु साहित्य का विशाल भण्डार जिसे वेद कहते हैं वह उपलब्ध है। इसमें अग्नि, एवं अन्य कई आकाशीय देवताओं को समर्पित स्तुतियाँ हैं। विद्धान इसे अक्सर बिना शहरों की भाषा की सभ्यता के नाम से भी जानते हैं। वेदों में क़रीब पाँच सौ इंडो-यूरोपीय शब्द हैं। ये शायद अन्य भाषायी समूहों से आते हैं जैसे द्रविड़ या मुण्डा। उदाहरण के लिए, धर्म शब्द, पूर्णतया भारतीय मूल का है, जो सिन्धु घाटी में वैदिक सभ्यता के पहले उभरा और फिर

पूर्व से होता हुआ गंगा के मैदानों में स्थापित हो गया।

हिन्दू धर्म, कई आस्थाओं के लिए बृहद् धर्म है जो भारतीय उपमहाद्वीप में पाँच हज़ार वर्ष पूर्व उपजा और जो बहुत सारी स्थानीय परम्पराओं को संरक्षण देता है। इसके लिए साधुवाद है विचारों के उस ढाँचे का जिसकी जड़ें वेदों में हैं। जैसे नदी की कई सहायक नदियाँ या शाखाएँ होती हैं वैसे ही हिन्दू धर्म के कई स्रोत हैं, जो सिर्फ़ वेदों में नहीं बल्कि हड़प्पा में भी हैं।

हालाँकि यह निश्चित है कि हड़प्पा सभ्यता, वैदिक सभ्यता नहीं थी, पर जब वैदिक सभ्यता गंगा के मैदानी इलाक़ों में स्थिर होने लगी तो यह पता चलता है कि यह काफ़ी हद तक हड़प्पा के विचारों और परम्पराओं से प्रभावित थी। इन विचारों में जो शामिल हैं उनमें जटिल अग्नि वेदी, पारम्परिक स्नान, पेड़ों की पूजा, नक्षत्रों जैसे कृतिका की पूजा, चूड़ी और सिन्दूर का प्रयोग है।

हड़प्पा के शहर तो नष्ट हो गये, पर हड़प्पा में पाये जाने वाले विचार नहीं मिटे और शायद उन्होंने नदी की एक सहायक धारा की तरह काम किया जिसे इंडिक सभ्यता कहते हैं। पेड़ जैसे पीपल, स्वस्तिक जैसे प्रतीक और अंकगणितीय अनुपात जैसे 5:4 जिनकी जड़ें हड़प्पा शहरों में पायी जाती हैं, वह आज भी भारतीय आस्था का हिस्सा हैं।

सभी उस औपनिवेशिक सिद्धान्त को नकारते हैं कि हड़प्पा की सभ्यता का निर्माण आर्य आक्रमणकारियों ने किया जिन्होंने हड़प्पा संस्कृति नष्ट कर दी। लेकिन, हड़प्पा और वैदिक सभ्यता के बीच के सम्बन्ध ने लोगों को बाँट दिया है। एक गुट, जो हिन्दू श्रेष्ठतावादी है वो इस पर ज़ोर देता है कि दोनों समान हैं और भारत में पाँच हज़ार साल पहले ये फली-फूलीं। मार्क्सवादियों के नेतृत्व में दूसरा गुट यह मानता है कि ये दो सभ्यताएँ अलग-अलग हैं। हड़प्पा सभ्यता स्वदेशी

पर हिन्दू धर्म से पहले की है जबकि वैदिक सभ्यता विदेशी है और गंगा के मैदानों में तीन हज़ार साल पहले पनपी, जिसने हड़प्पा के वंशजों को दास बनाया और धीरे-धीरे ब्राह्मण श्रेष्ठता और जातिगत आधार लोगों पर थोपा।

जो विद्वान किसी विचारधारा को नहीं मानते वे इन उग्र विचारों को नकारते हैं। इनमें इस बात को लेकर सहमति है कि प्रोटो-इंडो-यूरोपीय भाषा/लोग पैंतीस सौ साल पहले भारत में यूरेशिया से ईरान होते हुए आये, और स्थानीय लोगों से घुले-मिले, जिनमें वे लोग भी थे जो हड़प्पा सभ्यता के विचारों और परम्पराओं को मानते थे और अन्य भी थे। इसने वैदिक सभ्यता को जन्म दिया!

इसलिए हाँ, हड़प्पा सभ्यता के निवासी जो घोड़ों के बारे में नहीं जानते थे और वैदिक सभ्यता जिसमें घोड़ों के प्रति विशेष लगाव था, ये दोनों सभ्यताएँ अलग-अलग हैं। वैदिक सभ्यता विदेशी नहीं थी, यह कई स्थानीय विचारों से बनी, सिर्फ़ इंडो यूरोपीय विचारों से ही नहीं। हिन्दू धर्म में आज हड़प्पा और वैदिक के अलावा कई अन्य विचार हैं। बाक़ी स्रोत हैं, ग्रीक, हूण, गुज्जर, चीनी, मध्य एशिया और यूरोपीय भी। समय के साथ कई विचारों से अलगाव और सम्मिश्रण भी हुआ, कई विचार आये और गये भी।

आज भी हम आधुनिक वेदान्त परम्पराओं को जो कि अग्नि आधारित, वैदिक ग्रन्थों के पुरुषोचित मठीय आदर्श, और आधुनिक तान्त्रिक परम्पराओं से लेकर हड़प्पा शहर के जल आधारित आदर्श, जो स्त्री उर्वरता से सम्बन्धित हैं, से जोड़ सकते हैं।

37

रामायण और महाभारत की घटनाएँ असल में कब घटित हुई थीं?

इसके दो मूलभूत जवाब हो सकते हैं : आस्था-आधारित जवाब और तथ्य-आधारित जवाब। आस्था-आधारित जवाब वह मानता है जो ग्रन्थों और गुरुओं द्वारा दिया जाता है और इसे बिना किसी विश्लेषण के पूर्ण सत्य मान लिया जाता है। तथ्य-आधारित जवाब साक्ष्यों की उपलब्धता तक सीमित है। आख़िरकार यह निर्भर करता है कि आप कौन-सा जवाब ग्रहण करने को तैयार हैं, और जवाब काफ़ी जटिल और राजनीति से दूषित है।

उदाहरण के लिए, अब समुद्र के नीचे डूबी हुई द्वारका नगरी, गुजरात, के पुरातात्विक साक्ष्य उपलब्ध हैं। यह शायद चार हज़ार साल पुराने हैं, जो हड़प्पा के समय के हैं। यह एक प्रमाणित तथ्य है। अगर आस्था आधारित जवाब लें तो हमें यह निष्कर्ष सही लगेगा कि यह वो द्वारका नगरी है जिसके विनाश का विवरण महाभारत ग्रन्थ में है, और जिसकी प्रारम्भिक पुनर्व्याख्या पच्चीस सौ साल से भी कम पुरानी है। तथ्य-आधारित जवाब यही होगा पर इन दोनों को जोड़ने के लिए पर्याप्त साक्ष्य नहीं हैं।

हिन्दू मानते हैं कि काल यानी समय चक्र की तरह है। इसलिए कोई एक रामायण या महाभारत नहीं है। ये घटनाएँ हर चक्र/(कल्प) में होती हैं। हर चक्र में चार युग हैं—रामायण दूसरे युग में घटित होती है और महाभारत तीसरे चक्र में। इन चक्रों के बीच प्रलय यानी दुनिया का अन्त होता है जब सारे तत्त्वों का विनाश हो जाता है और जो स्मृति बचती है, वो वेद हैं।

आस्था-आधारित वर्ग यह मानता है कि हिमयुग, आख़िरी प्रलय था। खगोलीय जानकारी के आधार पर, जैसे तारामण्डलों की स्थिति, और ग्रन्थों में वर्णित ग्रहणों के समय, से यह निष्कर्ष निकलता है कि रामायण की घटनाएँ सात हज़ार साल पहले और महाभारत की पाँच हज़ार साल पहले हुईं। वाल्मीकि और व्यास मुनि ने इन घटनाओं को देखा और ग्रन्थ लिखे, इसलिए इन दोनों ग्रन्थों को इतिहास कहा जाता है (यानी यह सचमुच हुआ, क्योंकि इसके रचयिता इसके दर्शक थे), ये पुराणों से अलग थे (प्राचीन कहानियाँ, जिसे लिखने वालों ने पहले की पीढ़ियों से सुना था)। इन ग्रन्थों का उद्देश्य सिर्फ़ राम और कृष्ण की कहानी सुनाना नहीं है बल्कि यह समझाना है कि किस तरह से इन्होंने वैदिक ज्ञान का प्रयोग सामाजिक सन्दर्भ में किया।

हालाँकि वैज्ञानिक ये पारम्परिक विचार नहीं मानते। वैज्ञानिकों के अनुसार, हिमयुग के बाद, पूरे विश्व में मानवीय सभ्यताएँ फली-फूलीं, ख़ासकर नदी घाटियों में। दक्षिण एशिया में बसावट की पुष्टि, गुफा में चित्रकारी और कई पाषाणयुगीन कलाकृतियों से होती है। हड़प्पा की सभ्यता सिन्धु और सरस्वती नदी के आसपास, उत्तर पश्चिम में एक हज़ार साल तक, और पाँच हज़ार से चार हज़ार सालों पहले मिस्र और मेसोपोटामिया के साथ व्यापारिक सम्बन्धों के साथ फली-फूली। मौसम में बदलाव, सरस्वती के सूखने ने इस सभ्यता को ख़त्म कर दिया। हमें यह नहीं मालूम कि यहाँ कौन-सी भाषा बोलते थे और इसलिए हमें यह नहीं मालूम इन्हें राम और कृष्ण के बारे में

जानकारी थी या नहीं। एक जानी-पहचानी छवि ध्यानमग्न शिव हैं, और पेड़ों से सम्बन्धित शक्ति। पर इसे भी चुनौती दी जा सकती है।

जब हड़प्पा की सभ्यता का ह्रास होने लगा (बिना भाषा का शहर), तब वैदिक सभ्यता (भाषा बिना शहरों के) उभरी। यह उन स्तुतियों को रेखांकित करता है जिसकी भाषा उन बंजारे लोगों की तरह थी जो पाँच हज़ार साल पहले पश्चिम में यूरेशिया से यूरोप और पूर्व में ईरान से भारत में विस्थापित होकर आये थे। लोगों और भाषा का पलायन कई शताब्दियों तक चला और वे स्थानीय लोगों के साथ घुल-मिल गये जिनके वंशज हड़प्पा शहर एवं वन में रहने वाली प्रजातियों के थे। यह कभी भी आक्रमण नहीं था जैसा ब्रिटिश प्राच्यविद् कल्पना करते हैं।

महाभारत की घटनाएँ ऊपरी गंगा के मैदान (आधुनिक दिल्ली के पास, इन्द्रप्रस्थ) में होती हैं और लोगों का व्यवहार रामायण में मिलने वाले सुसंस्कृत व्यवहार से काफ़ी रूखा था। रामायण की घटनाएँ निचले गंगा के मैदानों (अयोध्या, मिथिला) और आगे दक्षिण में होती हैं। तब क्या हम कह सकते हैं कि रामायण की घटनाएँ महाभारत के बाद हुईं और व्यवहार की परिष्कृतता समय के बदलाव और संस्कृति के क्रमिक विकास का संकेत देती है? लेकिन जो बात ये ग्रन्थ कहते हैं उनके विपरीत जाती है। महाभारत में, पाण्डवों को प्राचीन राजा राम, जिनकी वजह से रामायण की रचना हुई, की कहानी सुनायी जाती है। इस प्रकार रामायण पहले की कहानी है। ये सारी बातें उलझन पैदा करती हैं।

भाषा विशेषज्ञों के अनुसार भले ही प्रोटो-संस्कृत, यूरेशिया से आयी हो पर जिसे आज हम वैदिक संस्कृत कहते हैं वह उस क्षेत्र में उत्पन्न हुई जहाँ हड़प्पा के शहर फले-फूले। वैदिक संस्कृत बोलने वाले लोग धीरे-धीरे पूर्व की तरफ़ गंगा की ओर बढ़े जहाँ उन्होंने तीन हज़ार साल पहले एक सम्पन्न सभ्यता की स्थापना की। श्लोकों में

पूर्व की ओर पलायन का ज़िक्र है। पुरातत्त्वविदों को गंगा के मैदानी इलाक़ों से मिट्टी के पक्के बर्तन मिले, जो इस काल से सम्बन्धित हैं। इसलिए हम आश्वस्त हैं कि गंगा के मैदान में तीन हज़ार साल पहले एक सम्पन्न सभ्यता थी।

आजकल वैदिक स्तुतियाँ जिस संस्कृत में लिखी होती हैं उसे वैदिक संस्कृत कहते हैं जबकि प्राचीन रामायण और महाभारत विशुद्ध संस्कृत में हैं। बाद की संस्कृत में उस व्याकरण का इस्तेमाल है जो पाणिनि ने पच्चीस सौ साल पहले लिखी थी। रामायण और महाभारत के सबसे पुराने संस्करण जो आज हमारे पास हैं वे क़रीब पच्चीस सौ साल पहले के हैं, पर ये उन घटनाओं का ज़िक्र करते हैं जो उनसे भी सैकड़ों साल पहले हुई थीं।

मौर्य शासकों ने भारत में तेईस सौ साल पहले लिखने की शुरुआत की और वैदिक स्तुतियाँ को लिखे हुए दो हज़ार साल से भी कम हुए हैं। पहले वैदिक ज्ञान मौखिक रूप से ही दिया जाता था। इस वजह से ब्राह्मणों का समाज में ख़ास स्थान था क्योंकि वे वैदिक ज्ञान के संवाहक माने जाते थे। ब्राह्मणों को साधुओं (भिक्षुओं) ने चुनौती दी जो चिन्तन और ध्यान को कर्मकाण्डों से ज़्यादा महत्त्व देते थे। वे जो बातें करते वे लोगों के बीच काफ़ी लोकप्रिय थीं। सबसे लोकप्रिय संन्यासी बुद्ध थे जो पच्चीस सौ साल पहले हुए। संन्यासियों ने वैदिक संस्कार और गृहस्थ जीवन को अस्वीकार किया।

रामायण और महाभारत की रचना संन्यासी क्रान्ति के विरुद्ध एक प्रतिक्रिया थी, इसलिए बुद्ध के बाद वे गृहस्थ जीवन के पक्ष में बातें करते और यह बताते कि संन्यासी के ज्ञान को गृहस्थी में कैसे अपनाया जा सकता है। यह कहानी क़रीब तीन हज़ार साल पुरानी है पर बाद में यह वैदिक घरों की सांसारिक मूल्यों का ज़रिया बन गयी।

विद्वानों का मत है कि ब्राह्मणों ने दोनों ग्रन्थों के कई संस्करणों

में अपना योगदान दिया। वे उन सम्पादकों की तरह थे जिन्हें यह विश्वास था कि वाल्मीकि और व्यास ने इन मूल रचनाओं को देखने के बाद ही लिखा है। इनका सम्पादन छह सौ सालों में हुआ जो तेईस सौ से सत्रह सौ वर्ष पूर्व रची गयी थीं। दूसरे शब्दों में, ग्रन्थ का वर्तमान स्वरूप किसी एक नहीं बल्कि कई सारे लेखकों का है। प्रादेशिक संस्करण काफ़ी बाद में आये। तमिल रामायण एक हज़ार साल पुरानी है, जबकि हिन्दी रामायण और महाभारत क़रीब पाँच सौ साल पुराने हैं।

कई पुस्तकें, जो मूल संस्कृत में लिखी वाल्मीकि रामायण और व्यास महाभारत हैं वे पूरे भारत से उन्नीसवीं शताब्दी में इकट्ठा की गयीं। बीसवीं शताब्दी में विद्वानों ने प्राचीनतम सूत्रों का एक समालोचनात्मक संस्करण सामने रखा। इसलिए हमारे पास महाराजा सयाजी राव यूनिवर्सिटी, ओरिएंटल इंस्टीट्यूट बड़ौदा का वाल्मीकि रामायण पर समालोचनात्मक संस्करण और व्यास महाभारत का भंडारकर ओरिएंटल इंस्टीट्यूट, पुणे का समालोचनात्मक संस्करण भी है।

हम पूर्ण विश्वास के साथ कह सकते हैं कि दोनों ग्रन्थ दो हज़ार साल पहले अपने निर्णायक वर्णन पर पहुँच चुके थे और ये उन घटनाओं पर आधारित हैं जो तीन हज़ार वर्ष पूर्व हुई थीं। पर कुछ ऐसी घटनाएँ हैं जो प्रादेशिक भाषाओं की बाद की किताबों में, और फिर जैन और बौद्ध ग्रन्थों की पुनर्व्याख्या में मिलती हैं, इसलिए क्या ऐतिहासिक और क्या तिलिस्म है यह कहना ज़रा मुश्किल है। इन घटनाओं को इससे पहले की तिथि देना पूरी तरह से आस्था का विषय है।

क्या हिन्दू हमेशा से जातिवादी थे?

जाति, यूरोप के कास्ट शब्द से आया जिसका भारतीय व्यवस्था में प्रयोग होने लगा। जाति शब्द का वैदिक वर्ण व्यवस्था के साथ प्रयोग भी काफ़ी भ्रम में डालता है। वेद, चतुर्वर्ण की बात करते हैं। यथार्थ में भारत में हज़ारों जातियाँ हैं जिन्हें बेतरतीबी से इन चार वर्णों में समेटा गया है, जिसकी वजह से काफ़ी उलझन और अव्यवस्था है। फिर एक और उलझन है जाति को वर्ग के समान रखने की, या जाति को नस्ल, या जाति को प्रजातियों के समकक्ष रखने की।

वर्ण का वैदिक उल्लेख शायद भौतिक नहीं है। यह आलंकारिक स्वरूप, मानव समाज की सैद्धान्तिक प्रकृति का वर्णन करता है। संसार में हर समाज में दिव्य माध्यम होते हैं (ब्राह्मण), भूमिपति (क्षत्रिय), उत्पादक एवं व्यापारी (वैश्य) और सेवा प्रदान करने वाले (शूद्र)। असलियत में वैदिक समाज में तीन हज़ार साल पहले सर्वसाधारण (विश) पर रथचालक आक्रमणकारी (राजनय) शासन करते थे जो वेदों का पाठ करने वाले दिव्य माध्यम (कवि या ऋषि) पर निर्भर थे।

ब्रह्मण ग्रन्थ कहते हैं कि मनुष्य का जन्म, शूद्र के रूप में होता है जब तक कि उनका वेद पाठ में प्रवेश न हो, उसके बाद ही वे

ब्राह्मण बनते थे। इसका मतलब ब्राह्मण बनने के लिए शिक्षा और चिन्तन ज़रूरी था, यह जन्म से नहीं होता था।

जातिवाद जैसा कि आज हम जानते हैं, जिसमें शुद्धि के कड़े नियम हैं जो ग़ैर-जातीय विवाह की अनुमति नहीं देते, वह उन्नीस सौ साल पहले शुरू हुआ, पन्द्रह सौ साल पहले यह सामान्य और एक हज़ार साल पहले यह जटिल हो गया। हाल के जेनेटिक अध्ययन से हमें यह पता चलता है।

ब्रिटिश ऐसा दावा करते थे कि हिन्दू अनिवार्य रूप से जातिवादी हैं। इसका विचार ऋग्वेद के एक सूत्र से आता है जो समाज को चतुर्वर्ण का एक संघटक मानते हैं। उनका तर्क था कि श्वेत आर्यों ने भारत पर आक्रमण किया और काले द्रविड़ों को अपना ग़ुलाम बनाया जो चतुर्वर्ण व्यवस्था में समाज के सबसे निचले स्तर पर थे। उनके तर्क का आधार उस अनुवाद पर था जिसके अनुसार वर्ण का अर्थ रंग होता है। यह अंग्रेज़ों की कारगुज़ारी थी जिन्होंने हर हिन्दू को एक जाति देकर चतुर्वर्ण में समेटने का प्रयास किया जब सौ साल पहले उन्होंने जनगणना करवाई।

यह औपनिवेशिक सिद्धान्त जेनेटिक अध्ययन के आधार पर अमान्य क़रार किया गया है। जैसा कि हम जानते हैं एक भाषायी समूह जो आद्य संस्कृत बोलते थे, पैंतीस सौ साल पहले भारत आये और बाक़ी आबादी से ख़ूब घुले-मिले, वहाँ कोई सगोत्र विवाह नहीं था। हम यह भी जानते हैं कि हिन्दू धर्म किसी धर्मादेश पर आधारित नहीं है, इसलिए हिन्दू ग्रन्थ सामाजिक वास्तविकता की स्मृति मात्र हैं, यह इस्लाम, ईसाई और यहूदी धर्म की तरह कोई आदेश नहीं देता।

हर समाज की तरह हिन्दू समाज में भी कई समुदाय थे जिनकी आर्थिक और राजनीतिक श्रेणी थी। सभी जातियाँ चतुर्वर्ण मॉडल में सैद्धान्तिक रूप से चिह्नित थीं। वेद और मन्दिर नियन्त्रण करने वाली

जातियाँ ब्राह्मण थीं जिनको दिव्यता और आध्यात्मिक शक्ति प्राप्त थी। भूमि स्वामी जातियाँ, क्षत्रिय थीं और इनके पास राजनीतिक शक्तियाँ थीं। बाज़ार नियन्त्रक जातियाँ, वैश्य थे जिनके पास आर्थिक शक्ति थीं। सेवा करने वाले शूद्रों के पास आध्यात्मिक, राजनीतिक या आर्थिक शक्ति नहीं थी। वे सभी के दास थे, जैसे सामन्ती समाज में दास होते हैं।

पच्चीस सौ साल पहले, बुद्ध के आने पर ऐसे कई लेख मिलते हैं जिनमें एक ही पेशे के लोगों को अलग-अलग जातियों में रखा गया है। ये कुम्हार, बुनकर, लोहार के निकायों की ओर संकेत करता है। अन्तरजातीय विवाह के बहिष्कार से इन्होंने अपने पेशे का ज्ञान सँभाल कर रखा, हालाँकि यह नियम बहुत कठोर नहीं था। बौद्ध साहित्य में दो विरोधी विचार देखने को मिलते हैं। एक जो कर्म आधारित है जो हमारे जन्म की जाति का निर्धारण करता है : जो नियन्त्रित करते हैं या वे जो नियन्त्रित होते हैं। जातक कथाओं के अनुसार पूर्व जन्म के अच्छे कर्मों की वजह से गौतम बुद्ध, बुद्ध बने। हालाँकि हम बुद्ध को यह भी कहते सुनते हैं कि (जैसा कि महाभारत में भी दोहराया गया है) कोई असली ब्राह्मण कर्मों से बनता है, जन्म से नहीं। इसलिए जाति और वर्ण के मामलों में जन्म सिद्धान्त और कर्म सिद्धान्त में एक खिंचाव-सा दिखता है।

जैन कहानियों में ब्राह्मण औरत के गर्भ से भ्रूण को एक क्षत्रिय औरत के गर्भ में स्थानान्तरित किया जाता है। इसलिए मठ परम्परा वाले जैन, कई समूहों से बने समाज को मान्यता देते हैं। हिन्दू ग्रन्थों में कई कहानियाँ हैं जहाँ पुरुषों को कोई विकल्प नहीं दिया जाता। कर्ण की धनुर्विद्या सीखने की इच्छा का मज़ाक़ उड़ाया जाता है क्योंकि उनके पिता सारथी थे। राम, शम्बूक का सिर इसलिए काटते हैं क्योंकि वह अपना व्यापार छोड़कर साधु बन जाता है। कृष्ण, अर्जुन को समझाते हैं कि परिवार के लिए कर्तव्य पालन उसका धर्म है।

भगवद्गीता संन्यास के ख़िलाफ़ लगती है क्योंकि अर्जुन को संन्यास न लेकर राजपरिवार का सदस्य होने के नाते शस्त्र उठाने को कहा जाता है। बौद्ध, जैन और हिन्दू कथाओं के अनुसार आप अपना पेशा ख़ुद नहीं चुनते, यह आपको अपने पिता से मिलता है।

कई कहानियों में हम श्मशान में रहने वाले चाण्डाल के बारे में सुनते हैं, जो कुत्तों से घिरा होता है, इन्हें लोग नज़रअन्दाज़ करते हैं। ये लोग कौन हैं? नीची जाति वाले? शिव को भी श्मशान में, कुत्तों के साथ रहने वाला देवता प्रदर्शित किया जाता है, जिनसे भय लगता है और ब्राह्मण राजा जैसे दक्ष इन्हें नज़रअन्दाज़ करते हैं। दक्ष शुद्धि के प्रति जागरूक और शिव शुद्धि के विचार का उपहास करते हैं। क्या यह प्राचीन हिन्दू कट्टरपन्थी और हिन्दू उदारवादी के बीच का टकराव है?

पौराणिक साहित्य के उदय के साथ कुछ बदलाव आया है। यह क़रीब पन्द्रह सौ साल पहले हुआ, जब मन्दिर बन रहे थे : बौद्ध धर्म क्षीण हो रहा था, तान्त्रिक हिन्दू धर्म का प्रभाव बढ़ रहा था, और मनुस्मृति, धर्मशास्त्र, निर्देशक सिद्धान्त हो गये थे। सम्पूर्ण समाज जाति व्यवस्था पर आधारित है। हर आदमी की एक जाति है। पहले समान जाति में विवाह को प्राथमिकता दी जाती थी पर यह कोई ज़रूरी नहीं था। इस समय से, जैसा कि जेनेटिक अध्ययन से पता चलता है, नियम काफ़ी जटिल और क्रूर हो गये। उसके बाद शुद्धि का सिद्धान्त आया। कुछ जातियों को अशुद्ध माना गया। पिछले एक हज़ार सालों में शहरों और गाँवों का खाका इस तरह से बनने लगा कि वे अनिवार्य तौर पर धनी या शक्तिशाली मन्दिर के पास, शहर के बीच में रहने लगे। जो कम शुद्ध थे वे थोड़ी दूरी पर रहते थे। और उससे भी कम सीमा पर रहते थे। आदिवासी जनजातियाँ जंगल में रहती थीं। जो लोग सीमा पर रहते वो अपने पेशे की वजह से अशुद्ध माने जाते थे, उनका काम शव और कूड़ा उठाने का होता था। इनका दूर रहना तर्कसंगत था

पर इनके साथ अमानवीय व्यवहार होता, और इनके ऊपर सार्वजनिक स्थान से पानी लेने और शिक्षा प्राप्त करने की भी पाबन्दियाँ थीं। किसने इन शहरों की स्थापना की? पूरी सम्भावना है कि ब्राह्मणों ने ऐसा किया होगा जिन्हें राजाओं ने ये अधिकार दिया होगा। इसलिए, पिछले पन्द्रह सौ सालों में उड़ीसा, दक्कन और तमिलनाडु में कई ताम्र अभिलेख मिलते हैं जिनमें ब्राह्मणों को भूमि दान में दिये जाने का उल्लेख है जिन्होंने नये गाँव (ब्राह्मण बस्तियाँ) और एक प्रशासनिक ढाँचा बनाया और राजा के स्थान पर अनाज कर इकट्ठा करने लगे।

आठवीं शताब्दी में शंकराचार्य को एक चाण्डाल मिला तो उन्होंने उसे हटने को कहा। चाण्डाल ने पूछा, 'आप मेरे अशुद्ध शरीर को हटाना चाहते हैं या पवित्र आत्मा को?' इस कहानी को कई तरीक़ों से समझा जाता है और यह हिन्दू धर्म के आदर्शों जहाँ आत्मा को सबसे परे माना गया है और व्यावहारिक हिन्दू धर्म के बीच की खाई को दर्शाता है, जहाँ जाति भेदभाव है। इसी समय तमिल शिव सन्त, नन्दनार नयनार थे, जिन्हें चिदम्बरम मन्दिर में प्रवेश नहीं करने दिया गया। कुछ दावा करते हैं कि वे अग्नि से गुज़र कर ब्राह्मण बन गये और तब उन्हें मन्दिर में प्रवेश मिला, यह अशुद्ध लोगों को मन्दिर से दूर रखने की बात को पुख़्ता करता है।

बारहवीं शताब्दी में बसवा को राजा के दरबार से बाहर निकालने की बात सुनी जाती है क्योंकि वह विजातीय विवाह की बात करते थे। महाराष्ट्र में चौदहवीं शताब्दी में एक चोखा मेला लगता था जिसमें जिन्हें विट्ठल मन्दिर, पंढरपुर में प्रवेश की अनुमति नहीं थी। उनके लिए मन्दिर की सीढ़ियों के पास मन्दिर बनता था जो आज भी मौजूद है। दयानेश्वर, तुकाराम और एकनाथ को भी ईश्वर के बारे में संस्कृत छोड़कर स्थानीय भाषा में लिखने और ईश्वर के प्रति समानता का विचार फैलाने के लिए दण्डित किया गया। उसी तरह सन्त रविदास द्वारा ईश्वर के समक्ष गाये समानता के भजन सिखों के गुरुग्रन्थ साहिब

में मिलते हैं, वह धर्म जो हिन्दू धर्म की प्रतिक्रिया स्वरूप जन्मा।

सोलहवीं शताब्दी में उड़ीसा में पाँच सन्त कवि (पाँच सखा) जिन्होंने अपने आप को शूद्र मुनि कहा, ने उड़िया में कृष्ण पर भजन लिखे और ब्राह्मणों की शक्ति को चुनौती दी जो मन्दिरों में उनका प्रवेश रोकते थे। आज भी पुरी मन्दिर के दरवाज़े पर एक मूर्ति नीची जाति के लिए है, जिनका मन्दिर में प्रवेश वर्जित है। कर्नाटक के उडुपी में भी, कनक का मन्दिर में प्रवेश वर्जित था। इसलिए वे मन्दिर के पीछे से भजन गाते थे जिसे सुन मूर्ति पश्चिम की तरफ़ घूम गयी और दीवार में सूराख़ बन गया ताकि कनक भगवान के दर्शन कर सकें।

सौ साल पहले तक भारत के कई गाँवों में, कई ऐसी जातियाँ थीं जिन्हें गाँव के कुएँ से पानी लेने की अनुमति नहीं थी, उन्हें झाड़ू से अपने पैरों के निशान हटाने होते, और एक मटका लेकर चलना होता ताकि वे उसी में थूकें नहीं तो ज़मीन प्रदूषित हो जायेगी, साथ ही ढोल पीटकर अपने आगमन की सूचना देनी होती थी। यह इसलिए था क्योंकि उनका पेशा शौचालय साफ़ करना और मृत जानवरों के शव उठाने से सम्बन्धित होता था। दूसरे शब्दों में, वे अपना पेशा बदल नहीं सकते थे, साथ ही साथ उनकी कोई इज़्ज़त नहीं थी और वे जन्म से हीं अशुद्ध माने जाते थे।

शुद्धि के विचार की वजह से भारत में जातिवाद आया। शुद्धि के विचार का कई हिन्दुओं ने अपनी मनमानी सत्ता क़ायम रखने के लिए चालाकी से इस्तेमाल किया, जबकि कितने हिन्दुओं, ख़ासकर सन्त कवियों ने इसका पुरज़ोर विरोध किया। विद्वान कार्यकर्ताओं ने पहले विचार पर ध्यान केन्द्रित रखा और दूसरे पर ध्यान नहीं दिया। उन्होंने इस बात को नकारा कि जाति की शुद्धि एवं अशुद्धि के विचार मानव समाज में हमेशा से प्राचीन जनजातियों के अन्धविश्वास से लेकर आधुनिक युग में फासीवाद के रूप में कई रूपों में रहे हैं।

शुद्धता के सिद्धान्त के उदय ने दो हज़ार साल पहले भारत में जातिवाद को स्थापित किया। अब यह शुद्धि का संसार पूरी दुनिया में फैलने लगा है। इसने असमानता का रूप और एक शुद्ध समरूप समाज की लालसा जिसमें कोई विविधता न हो का रूप ले लिया है। नेताओं के भाषण में वे उन सबको वर्जित मानते हैं जो उनकी पार्टी पॉलिटिक्स से मेल नहीं रखता। ये नव-जातिवाद है।

'वीजा' व्यवस्था का उद्देश्य ग़रीब और अकुशल लोगों को विकसित देशों से दूर रखने का था, इसलिए अप्रवासियों के ख़िलाफ़ इतना ग़ुस्सा है। लोग यह तर्क देते हैं कि अप्रवासी आकर देश के मूल्यों को दूषित कर देते हैं। उदाहरण के लिए, मुस्लिम अप्रवासी महिलाओं और समलैंगिकों के अधिकार के विचार को रफ़ा-दफ़ा करते हैं। उसी तरह अहिंसावादी जैन समुदाय अपनी राजनीतिक शक्ति द्वारा मांसाहारी लोगों के प्रदूषण से बचना चाहते हैं। ईरान और पाकिस्तान के मुसलमान, उदार मूल्यों के हनन के विचार को अस्वीकार करते हैं जैसे सूफ़ीवाद जिसे मूर्ति पूजा की तरह देखा जाता है। मार्क्सवादी, पूँजीवाद को प्रदूषण मानते हैं। माओवादी विकास को प्रदूषण मानते हैं। भारत के दलितों को यह बताया जाता है कि हिन्दू धर्म प्रदूषण है और बौद्ध धर्म शुद्ध। शाकाहारी ज़ोर डालते हैं कि मांसाहारी अशुद्ध हैं। विषमलिंगी ये मानते हैं कि समलिंगी अशुद्ध हैं। एकल विवाहवादी, बहुल विवाह को ग़लत मानते हैं।

यह विचार कि हिन्दू जातिवादी होते हैं, ब्राह्मणों ने मनुस्मृति के निर्देशों के अनुसार उस व्यवस्था की रचना की जिसमें वे शीर्ष पर हैं यह उस व्यवस्था की आसान-सी व्याख्या है जिसे निचली जाति वाले और मुस्लिम एवं ईसाई भी मानते हैं जो आज भी अपनी बेटियों के विवाह को लेकर बहुत चयन करते हैं। धर्म सुधारक यह तर्क देते हैं कि प्रताड़ित लोग जो जाति व्यवस्था का पालन करते हैं वो शरलॉक

सिंड्रोम से ग्रसित होते हैं। उसी तरह से यह विचार कि सकारात्मक भेदभाव और आरक्षण एक अच्छे समाज की रचना करेगा, भी बहुत सरल-सा है। असल में यह जातियों के बीच विभेद को और बढ़ाता है, एक नया चतुर्वर्ण जैसे अनुसूचित जाति, अनुसूचित जनजाति, अन्य पिछड़ा वर्ग और सामान्य वर्ग अब बन गया है। कुछ लोग तुरन्त क्रान्ति में विश्वास रखते हैं तो कुछ धीरे-धीरे परिवर्तन में। कोई भी काम नहीं करता। इसलिए स्थिति जटिल और अस्थायी रहती है जिसका कोई साधारण जवाब नहीं है, हर पक्ष का अपना न्यायोचित रोष है।

39

क्या हज़ार साल पहले मुस्लिम आक्रमणकारियों के आगमन की वजह से हिन्दू संस्कृति का विनाश हुआ?

इतिहासकार, इस्लामिक आक्रमण की जगह अरब, तुर्की, और मंगोल/मुग़ल शब्द का प्रयोग ज़्यादा पसन्द करते हैं। इसकी दो मुख्य वजहें हैं। पहला, ये आक्रमण धार्मिक कारणों से ज़्यादा आर्थिक और राजनीतिक कारणों से प्रेरित थे। दूसरा वे साम्प्रदायिक शब्दावली के इस्तेमाल से भी बचते हैं। बहुत से हिन्दू यह महसूस करते हैं कि वही इतिहासकार, हिन्दू धर्म को उतना महत्त्व नहीं देते। वे यह तर्क देते हैं कि इस्लाम के प्रचार को अगर आप हिंसा से नहीं जोड़ते तो हिन्दू धर्म को जातिवाद से क्यों जोड़ते हैं? दोनों ही को राजनीतिक और आर्थिक उपज क्यों नहीं माना जाता, धार्मिक नहीं?

आक्रमण जैसे अकाल, महामारी की वजह से विस्थापन होता और आबादी का विस्थापन एवं संस्कृति का पुन: शोधन भी। विचारों का परिवर्तन और प्रत्यारोपण भी इसी कारण होता है। इसलिए आज अमेरिकी योगाभ्यास करते हैं बिना यह एहसास किये कि इसकी

भारतीय (या हमें यह कहना चाहिए हिन्दू) जड़ें हैं और भारतीय भी बिना इस एहसास के कॉफ़ी पीते हैं कि इसकी अरबी (या यह कहें मुस्लिम) जड़ें हैं।

भारतीय उपमहाद्वीप बाक़ी दुनिया से कटा हुआ है क्योंकि इसकी उत्तरी सीमा पर हिमालय और दक्षिण में समुद्र है। फिर भी बन्दरगाहों और पर्वत दर्रों से लोग यहाँ पाँच हज़ार सालों से आते रहे हैं। कुछ व्यापार करने आये, कुछ लूटने, कुछ शासन करने और कुछ बेहतर घर की तलाश में। हर किसी ने भारत को बदला। इसका मतलब भारत के इतिहास में विदेशी प्रभाव हमेशा से ही कुछ अनुपात में रहा है—जैसे कि मिस्त्र, फ़ारसी, अरबी, चीनी, रोमन, मध्य एशिया और यूरोपीय प्रभाव यहाँ रहा है।

एक हज़ार साल पहले मुस्लिम आक्रमणकारियों के आने से हिन्दू संस्कृति आकस्मिक रूप से बदली। हर आक्रमण की तरह, इसमें भी विनाश और पीड़ा हुई। लेकिन नुक़सान स्थायी नहीं था। समय के साथ हिन्दू संस्कृति पुनर्जीवित हुई और इसने नयी वास्तविकताओं को अपनाया और फिर हमें एक नयी हिन्दू संस्कृति देखने को मिलती है जो इस्लाम के साथ सामाजिक और दार्शनिक तौर पर जुड़ती है।

भारतीय संस्कृति, मसाले के डिब्बे की तरह है। कुछ प्रमुख मसाले हिन्दू माने जाते हैं पर सभी यहीं और एक ही समय में पैदा नहीं हुए। कुछ स्वदेशी चुनौतियों जैसे बौद्ध धर्म का उदय, जिसने मठीय विचार को जन्म दिया उसकी वजह से अस्तित्व में आये। दूसरी विदेशी चुनौतियों, जैसे ग्रीकों का आगमन जिन्होंने पत्थर के मन्दिरों में घोड़ों और देवताओं की पत्थर की मूर्तियों के विचार से परिचय करवाया, जो वैदिक संस्कृति की मूर्तिविहीन रीतियों से बिल्कुल अलग थीं, या नदी और पर्वत, और स्थानीय जनजातियों के वृक्ष देवता। कुछ मसाले अपनी हिन्दू पहचान से बचते हैं, पर भारतीय

कहलाना पसन्द करते हैं। कुछ मसाले अपने आपको ग़ैर-भारतीय मानते हैं। कुछ मसाले ग्लोबल हैं जो हर जगह मिलते हैं।

जैसा हर संस्कृति में होता है, बहुत से ऐसे भारतीय और हिन्दू हैं जो शुद्ध संस्कृति के विचार को मानते हैं। शुद्धि का विचार हमेशा माइथोलोजिकल (सब्जेक्टिव), कभी भी साइंटिफ़िक (ऑब्जेक्टिव) नहीं रहा है, लेकिन ये संस्कृति की रूपरेखा में महत्त्वपूर्ण भूमिका निभाता है। यह काफ़ी स्पष्ट होता है जब हम भारत में पुर्तगाली प्रभाव देखते हैं। पुर्तगाली, दक्षिणी अमेरिका से भारत में आलू लाये, उन्होंने ईसाई धर्म का प्रचार किया। बहुत से शुद्धतावादी आलू को विदेशी सब्ज़ी नहीं मानते। परन्तु ईसाई धर्म को विदेशी विचार मानते हैं, और इससे बुरी तरह नफ़रत करते हैं, जबकि आलू पराँठा आराम से खाते हैं।

बारह सौ साल पहले अरब में इस्लाम का उदय हुआ, पैगम्बर मुहम्मद के जीवनकाल में यह समुद्री व्यापारियों के द्वारा केरल पहुँचा। जब हम मुस्लिम घुसपैठ की बात करते हैं तो हम सामान्य तौर पर उत्तर भारत (पंजाब और गंगा के मैदानों) पर आक्रमण की बात करते हैं जिसने पूर्व (बंगाल) और फिर बाक़ी उपमहाद्वीप पर अपना असर डाला। यह दो चरणों में हुआ : पहला जो अरबी नेतृत्व में बारह सौ साल पहले भारतीय सीमा पर पहुँचा वो कम प्रभावी था और दूसरा जो तुर्की और मंगोली नेतृत्व में आठ सौ साल पहले हुआ वो ज़्यादा सफल रहा।

पहले चरण के इस्लामी आक्रमण में भारत पर कोई ज़्यादा प्रभाव नहीं पड़ा। इस्लाम के प्रचार ने सिल्क मार्ग के बौद्ध और यहूदी केन्द्रों को नष्ट कर दिया जो एक समय में काफ़ी फले-फूले। अगर भारतीय विचार पर कोई प्रभाव था भी तो वो प्रत्यक्ष नहीं परोक्ष था। कुछ लोगों का मानना है कि भक्ति और एक ईश्वरवाद का संकेत दो

हज़ार साल पुरानी भगवत्गीता में है, पर इस विचार की एक हज़ार सालों में दूर-दूर तक प्रसिद्धि इस्लामिक प्रभाव के कारण हुई।

इस्लामिक आक्रमण के दूसरे चरण में बहुत हिंसा हुई। अफ़ग़ानिस्तान और मध्य एशिया के लड़ाकुओं ने भारत के विख्यात मन्दिरों की सम्पत्ति को लूटा। इन आक्रमणों को हवा देने के पीछे वह धार्मिक उन्माद था जिसमें मूर्तिपूजकों के देश को मिटाना था। ये आक्रमणकारी अपने साथ सोना और दास ले गये और कितने ही शहरों और मन्दिरों को ध्वस्त कर दिया। हम इस पर अन्तहीन बहस कर सकते हैं कि कितना भौतिक और कितना मानसिक नुक़सान हुआ, कितना असली और कितना दिखावा था, कितना आर्थिक और कितना धार्मिक उन्माद से प्रेरित था, पर यह एक तथ्य है कि हिन्दू धर्म कभी एक जैसा नहीं रहा।

समय के साथ कई तुर्की, अफ़गान और मंगोल आक्रमणकारियों ने भारत में बसने की सोची। आठ सौ साल पहले दिल्ली में मामलुक, ख़िलजी, लोदी और तुगलक़ों के नेतृत्व में एक सल्तनत उभरी। क़रीब छह सौ साल पहले बंगाल और दक्कन में भी सल्तनतें उभरीं। चार सौ साल पहले उत्तर भारत में मुग़ल सल्तनत स्थापित हो चुकी थी और फिर धीरे-धीरे इनका दक्षिण में भी विस्तार हुआ। दक्षिण में मदुरै का मन्दिर, भारत के केन्द्र में उज्जैन, पूर्व में पुरी, पश्चिम में सोमनाथ के मन्दिरों में इतनी लूट-पाट हुई कि उसकी यादें स्थानीय कहानियों में आज भी ज़िन्दा हैं।

पर इस समय के दौरान हिन्दू धर्म में कई नाटकीय बदलाव हुए। कुछ तो इस्लाम की वजह से हुए, दूसरे इसके बिना भी। एक मत के अनुसार, भारत में इस्लाम ने एक भारतीय रंगत अपनायी। यहीं पर बाक़ी धर्मों के साथ ये सौहार्दपूर्ण रहा। यूरोप में, ईसाइयों के साथ इनकी ख़ूब लड़ाई हुई। दक्षिण पूर्व एशिया में बौद्ध और हिन्दू धर्म का

बुनियादी सांस्कृतिक प्रभाव था पर इस्लाम भी शीर्षस्थ धर्मों में से था। भारत में, इस्लाम कुछ जातियों का धर्म बन गया। उदाहरण के लिए, उच्च जाति के भूमि स्वामी मुस्लिम हो सकते थे। या नीची जाति के कसाई भी मुस्लिम होते थे। इस कारण एक तनाव-सा ज़रूर रहता, पर कोई साम्प्रदायिक दंगा कभी नहीं हुआ।

पिछले एक हज़ार सालों में आचार्यों जैसे मध्व, वल्लभ, निम्बार्क और चैतन्य ने वेदान्त फ़िलॉसफ़ी को संग्रहित किया जो आज हिन्दू धर्म की बुनियाद है।

इन्हीं एक हज़ार सालों में प्रादेशिक भाषाओं में धार्मिक हिन्दू साहित्य का उदय हुआ। तमिल, कन्नड़, तेलुगु, असमिया, उड़िया, बंगला, गुजराती, मराठी, मारवाड़ी और हिन्दी में महाभारत और रामायण लिखा गया।

कश्मीर, गुजरात और गंगा के मैदानों के कई मन्दिर ध्वस्त किये गये और उनके स्तम्भों का प्रयोग मस्जिद बनाने के लिए किया गया। पिछले एक हज़ार सालों में प्राचीन स्थलों पर हिन्दू राजाओं ने अपनी शक्ति का प्रदर्शन करने के लिए भव्य मन्दिरों का निर्माण करवाया। जगन्नाथ मन्दिर का वर्तमान भवन आठ सौ साल पहले छोड़ा गंगदेव ने बनवाया था, तमिलनाडु और आन्ध्र प्रदेश के भव्य मन्दिर जैसे मदुरै का मीनाक्षी मन्दिर क़रीब चार सौ साल पुराने हैं जिन्हें नायक राजाओं ने बनवाया। उत्तर में मन्दिर बनाने की जगह देवताओं की घर में पूजा पर ज़ोर दिया जाता, जिसकी वजह से राजस्थान और केन्द्रीय भारत में ठाकुर घर या हवेली संस्कृति देखने को मिलती है।

मीरा, रविदास, तुकाराम, अन्नामय, क्षेत्रय्या और पुरन्दरदास के भक्ति गीत पिछले पाँच सौ सालों में लिखे गये। हिन्दू धर्म में मौखिक परम्परा की प्रधानता रही है, कई हिन्दू सम्प्रदायों में भागवत और रामायण की पाण्डुलिपियों को मन्दिर में रखकर पूजा होने लगी,

जैसे कि ओडिशा का भागवत घर, जो किताबों की लोकप्रियता को दिखलाता है, यह स्पष्ट रूप से इस्लामिक प्रभाव था।

पिछले चार सौ सालों में दक्कन के सुलतानों ने हिन्दुस्तानी शास्त्रीय संगीत को संरक्षण दिया, अवध में कृष्ण लीला, राम लीला होती और लखनऊ में बड़ा मंगल त्योहार मनाया जाने लगा। होली एक शाही त्योहार बन गया, जिसे हिन्दू और मुस्लिम राजा दोनों ही मनाते थे। मुग़ल दरबार में फ़ारसी चित्रकार थे जिन्होंने भारतीय पेंटिंग को रामायण, महाभारत, गीत गोविन्द, भागवत और पुराणों की तर्ज़ पर विकसित किया जिसकी वजह से राजपूत राजाओं और दरबारियों के यहाँ बहुत ख़ूबसूरत चित्रकारी होने लगी। पूरी दुनिया के संग्रहालयों में यह चित्रकारी प्रदर्शित की गयी हैं।

इस्लाम के आने से भी पहले गाँव जातियों के आधार पर बसाये गये थे और यह व्यवस्था बाद में भी बनी रही। जिन्होंने इस्लाम अपनाया वे अपने पुश्तैनी पेशे में रहे और अपनी जाति को क़ायम रखा।

कई समुदायों में हिन्दू-मुसलमानों के बीच की विभिन्नता इतनी कड़ी नहीं थी। जैसे कई राजस्थानी गायक जो हिन्दू भाट कथा गाते थे, मुस्लिम थे। बंगाल में पटुआ कलाकार लम्बे काग़ज़ पर धार्मिक ग्रन्थों के दृश्य चित्रति करते वे भी मुस्लिम थे। केरल में मापिल्ला, मालाबारी मुस्लिमों की रामायण है, जहाँ रामायण में शरिया जैसे शब्द मिलते हैं। प्रसिद्ध गीति काव्य 'पद्मावत' जो चित्तौड़ पर अलाउद्दीन ख़िलजी के आक्रमण पर आधारित है उसे मुस्लिम कवि, मलिक मोहम्मद जायसी ने लिखा था। दरगाहों और समाधियों पर पीर और जोगी होते थे। कई मुस्लिम शासकों के हिन्दू दरबारी थे (अकबर के दरबार में मानसिंह) और कई हिन्दू शासकों के यहाँ मुस्लिम दरबारी थे (हाकिम ख़ान सूर जो राणा प्रताप की तरफ़ से हल्दी घाटी की लड़ाई में लड़ा)।

परिधान बदले। उत्तर भारत में चेहरे और सर को घूँघट से ढँकने की परम्परा प्रचलित हो गयी जो दक्षिण में अभी भी नहीं देखी जाती। नाथद्वारा के श्रीनाथ जी मन्दिर में देवता के वस्त्रों में से एक मुग़ल वेश भी था। श्रीरंगम में देवता का मुस्लिम साथी था तुलुका नचियार। दक्षिण के कई हिस्सों में देवताओं के मुस्लिम रक्षक और मुस्लिम साथी थे जैसे अयप्पा स्वामी के वॉवर और द्रौपदी अम्माँ के मुथूल्ला रवुततन।

ये अंग्रेज़ थे जो भारत को धर्मों के संग्रह के तौर पर देखते थे न कि जातियों के संग्रह के तौर पर। उन्होंने हिन्दू धर्म को परिभाषित कर उसे जातियों का समूह बनाया जिसमें से अब्राह्मी धर्मों को अलग रखा गया। अंग्रेज़ों ने तीन हज़ार जातियों को ज़बरदस्ती चार वर्णों में समेटने की सोची। जाति राजनीति का अर्थ था कि भारत में किसी भी जाति की बहुलता नहीं थी, ये मामले काफ़ी जटिल थे। धार्मिक राजनीति का मतलब था कि किसी को भी साम्प्रदायिक राजनीति भटका सकती है।

स्वतन्त्र भारत ने जाति और धार्मिक राजनीति को दबाने की कोशिश की, परन्तु भाषा राजनीति से यह बच नहीं पाया। अब हम जाति, धर्म और भाषा की राजनीति से ग्रस्त हैं जो हमें आर्थिक परेशानियों से दूर ढकेलती है। अगर इस्लाम नहीं भी होता, तो भी भारतीयों को जाति, भाषा और लिंग आधारित राजनीति का सामना करना ही पड़ता। इतिहास, राजनीति, अर्थशास्त्र, संस्कृति और धर्म सभी काफ़ी जटिल विषय हैं।

जब लोग भारतीय इतिहास को एक हज़ार सालों की मुस्लिम ग़ुलामी में (या फिर ब्राह्मण आधिपत्य, या पुरुषों का महिलाओं का दमन, या फिर समलैंगिक लोगों को बिल्कुल नीचे धकेल देना, या श्वेतों द्वारा संसार पर नियत्रण या चीनियों का प्राच्य दुनिया पर क़ब्ज़ा) समेटने की कोशिश करते हैं, उन्हें ध्यान रखना चाहिए कि

इतिहास इतनी आसानी से समझाया नहीं जा सकता। आधे-अधूरे सच से सावधान रहना चाहिए क्योंकि आंशिक सच, झूठ से भी ज़्यादा ख़तरनाक होता है।

40

समोसा भारतीय है या वैदिक?

समोसे की उत्पत्ति मध्य पूर्व में हुई और भारत में यह सेंट्रल मुस्लिम राजाओं के साथ आठ सौ साल पहले पहुँचा। क्या मिस्र के पिरामिडों की वजह से इसकी आकृति ऐसी हुई? हम सिर्फ़ अनुमान ही लगा सकते हैं। इसे साम्ब या समबोसा कहा जाता और इसके अन्दर मीट की भरावन होती थी। इसका सबसे पहला उल्लेख फ़ारसी साहित्य में एक हज़ार साल पहले मिलता है। दिल्ली सल्तनत के शाही महल में समुश्क या संबूसा परोसे जाने का पहला उल्लेख अमीर खुसरो और इब्नबतूता ने छह सौ साल पहले किया।

आजकल समोसे में ज़्यादातर आलू भरा होता है। यह शायद भारतीयों की ईजाद थी। दिलचस्प यह है कि आलू भी स्वदेशी नहीं है। चार सौ साल पहले पुर्तगाली इसे भारत लेकर आये। आज हम किसी भी भारतीय खाने की बिना आलू के कल्पना कर ही नहीं सकते, पर हमारे खाने में इसका जुड़ना अभी ही हुआ है जैसे कि मिर्च भी आजकल हमारे खाने में शामिल हो गयी है। हमने इसे इतने प्यार से अपनाया कि विश्वास नहीं होता कि इसका प्रारम्भ विदेशी है।

बहुत से प्राचीन हिन्दू मन्दिरों में रसोई होती थी पर कम ही के

खाने में आलू और मिर्च का प्रयोग होता था। वहाँ आलू की जगह सीताफल और लौकी का प्रयोग होता। यह आलू के विदेशी प्रभाव को बताता है। उसी तरह हिन्दू देवताओं को गुलाब नहीं चढ़ता क्योंकि यह मुग़लों के साथ भारत आया था। हालाँकि समय के साथ विदेशी मसालों, सब्ज़ियों और फूलों को इस तरह अपना लिया गया कि इन्हें भारतीय के तौर पर देखा जाने लगा। इसलिए आजकल मन्दिरों में देवताओं पर गुलाब की पंखुड़ियाँ भी चढ़ाई जाती हैं और पूरी-भाजी का भोग भी लगता है, जहाँ भाजी में आलू होते हैं। मिर्च का प्रयोग देवी की पूजा का अहम हिस्सा होता है और बुरी नज़र को दूर रखने के कई कर्मकाण्ड भी होते हैं।

आज, हम धान या चावल को भारतीय व्यंजन के रूप में देखते हैं। लेकिन क्या चावल वैदिक है? चावल को सबसे पहले, 7000 साल पूर्व चीन में उगाया गया था और वहाँ से यह दक्षिण एशिया और दक्षिण पूर्व एशिया तक पहुँचा। हड़प्पा में भी धान की खेती के कुछ स्वतंत्र प्रमाण मिलते हैं, लेकिन पूर्व और दक्षिण पूर्व एशिया से आये प्रवासियों ने इसे चीन की फसल ही माना।

ऋग्वेद में यवा और धान शब्द शायद जौ का ज़िक्र करते हैं जिसका प्रयोग केक और पैन केक बनाने के लिए होता था जो यज्ञ संस्कार का हिस्सा होते थे। कुछ यह भी अन्दाज़ा लगाते हैं कि पराँठा शब्द की उत्पत्ति वैदिक, पुरो दशा से हुई? क्या कुछ ऐसे भारतीय व्यंजन थे जो समोसे की तरह मीट या सब्ज़ी की भरावन वाले हों लेकिन पैन केक की तरह? हम सिर्फ़ अनुमान ही लगा सकते हैं।

जैसे भारत ने अन्य जगहों की सब्ज़ियों और सामग्रियों को अपनाया वैसे ही इसने भी और देशों को अपने व्यंजन और सामग्रियाँ दीं। उदाहरण के लिए, गन्ना दक्षिण एशिया से दुनिया के अन्य हिस्सों में फैला। रोमन काल में यूरोप में गुड़, घी के साथ दवा के रूप में पहुँचा। चीनी एक हज़ार साल पहले यूरोप पहुँची। उसके पहले

खाने में मिठास के लिए शहद का प्रयोग होता था। भारतीयों ने गुड़ को नज़रअन्दाज़ किया। और आज यूरोप और अमेरिका में जिसे टी कहते हैं वो भारत से ही पहुँची। चाय के साथ दूध खौलाने का विचार भारतीय ढाबों में सौ साल साल पहले शुरू हुआ। चाय में दूध का विचार पारम्परिक चीनियों को भयावह लगेगा क्योंकि उन्होंने चाय पीने की शुरुआत वहाँ के राजा की पहल पर की जिन्होंने स्वास्थ्य कारणों के लिए चाय पीने पर ज़ोर दिया।

मैं यह कहकर समाप्त करना चाहूँगा कि आज का समोसा जिसमें आलू होता है (या मटर, क्योंकि जैनियों में जड़ वाली सब्ज़ियों की मनाही है), भारतीय ईजाद है जिसमें मध्य एशिया, फ़ारस और पुर्तगाली योगदान है। हिन्दू धर्म की तरह इसमें भी कई आध्यात्मिक सहायकों का मेल है। उग्रपन्थियों के लिए, जिन्हें लगता है कि हिन्दू धर्म वैदिक है, हम इसे वैदिक कह सकते हैं, इस मायने में कि यह सभी को अपने भीतर समाहित किये हुए है क्योंकि अन्तत: इसकी उत्पत्ति प्रथम पुरुष से हुई है।

लेखक परिचय

देवदत्त पट्टनायक, आज के युग में पौराणिक प्रासंगिकता को अपने लेखन, चित्रण और व्याख्यान के माध्यम से अभिव्यक्त करते हैं। 1996 से अब तक ये पचास से ज़्यादा किताबें लिख चुके हैं, उन सभी किताबों और लगभग एक हज़ार लेखों में उन्होंने लिखा है कि किस तरह कहानियाँ, प्रतीक और रिवाज विश्व भर की प्राचीन और आधुनिक संस्कृतियों में व्यक्तिपरक सत्य या मिथकों का निर्माण करते हैं । इनकी कुछ किताबें हैं—*सेवेन सीक्रेट्स ऑफ़ हिन्दू कैलेंडर आर्ट* (वेस्टलैंड), *मिथ-मिथ्या : ए हैंडबुक ऑफ़ हिन्दू माइथोलॉजी* (पेंग्विन रैंडम हाउस), *जया : एन इलस्ट्रेटेड रीटेलिंग ऑफ़ द महाभारत* (पेंग्विन रैंडम हाउस), *सीता : एन इलस्ट्रेटेड रीटेलिंग ऑफ़ द रामायण* (पेंग्विन रैंडम हाउस), *ओलम्पस : एन इंडियन रीटेलिंग ऑफ़ द ग्रीक मिथ्स* (पेंग्विन रैंडम हाउस), *बिज़नेस सूत्र : ए वेरी इंडियन एप्रोच टू मैनेजमेंट* (अलेफ बुक कम्पनी), *माय गीता* (रूपा पब्लिकेशन) और *देवलोक विद देवदत्त पट्टनायक सीरीज़* (पेंग्विन रैंडम हाउस)। अधिक जानकारी के लिए देखें—devdutt.com

अनुवादक परिचय

अर्चना शर्मा, हिन्दी समाचारपत्रों एवं पत्रिकाओं में स्वतंत्र लेखन और अनुवादक के रूप में काम करती हैं। इससे पूर्व वो मानव संसाधन विभाग में कार्यरत थीं।